具だくさんおかずスープ 100

毎日食べたい

奥薗壽子

はじめに

だしと味噌の香りは、私たちをほっとさせてくれます。
どんな時代のあわただしさをも和らげるという思いで、
味噌汁専門店　美噌元は始まりました。

味噌汁は、香味を切り、だしで菜で、味噌を溶く、ごくシンプルな料理。
そのいつも同じ繰り返しかりがちです。
スーパーリーで揃えすする品は果てしなく、
菜料の組み合わせ、野菜の切り方を変えるだけでも
多く通りの味噌汁になります。

本書には
お店での人気の味噌汁、普段にぱっと手軽になる味噌汁、
意外な食材を組み合わせた味噌汁など、
日々の味噌汁に変化をつけるレシピを紹介しています。
アレンジのコツ、それぞれの味噌汁にあわせる
おすすめの味噌も参考にしてください。
さらには、全国の味噌蔵の放機なからだの味噌汁、
味噌汁を使ってつくるおかずなども。

「毎日あびたたい」「身体を休めたい」「最近が足りぱりますか」
そんなとき、味噌汁が生活の食事にします。

少し身体が疲れたか、軽かになりたいときなど適れたことを
感ったりします。

美噌元

もくじ

1章
美噌元の人気味噌汁

はじめに	2
「おかず味噌汁」のススメ	8
味噌汁のおいしい作り方	10
味噌汁をアレンジしよう	12
だしのきほん	14
だしの種類	15
だしの取り方	16
合わせ味噌がおいしさの決め手	18
本書の見方	20

1 美噌元の豚汁	22
2 湯葉とごま豆腐の味噌汁	23
3 焼きなすとそうめんの味噌汁	
桜ごはん	24
4 美噌元の粕汁	26
5 ちゃんこ味噌汁	27
6 せん切り野菜とつみれの味噌汁	28
7 サンラータン味噌汁	29
8 アボカドとツナの味噌汁	
コーンごはん	30
9 とろとろ味噌汁	32

2章
野菜たっぷり味噌汁

10　ほうれん草の豆乳味噌汁　　34

11　【アレンジ】
　　ほうれん草の豆乳味噌ポタージュ 34

12　小松菜としらすの味噌汁　　36

13　小松菜としめじとちくわの味噌汁 37

14　ねばねば味噌汁　　38

15　モロヘイヤのすり流し味噌汁　39

16　キャベツと桜えびの味噌汁　40

17　キャベツと菜の花と
　　はんぺんの味噌汁　　41

18　細切りネギと豆腐の味噌汁　42

19　ねぎま味噌汁　　43

20　ネギとおろしれんこんの味噌汁 44

21　焼きなすとみょうがの味噌汁　45

22　なすと厚揚げの味噌汁　　46

23　簡単揚げなす風味噌汁　　47

24　トマトの冷や汁　　48

25　トマトとズッキーニの
　　ヨーグルト味噌汁　　49

26　ぴらぴら大根の味噌汁　　50

27　大根おろしとお餅の味噌汁　51

28　沢煮椀風の野菜の味噌汁　52

29　かぼちゃとひき肉の味噌汁　54

30　ほうとう風味噌汁　　55

31　さつまいもとかぶの味噌汁　56

32　【アレンジ】
　　さつまいもとかぶの味噌ポタージュ 56

33　里いもと黒ごまの味噌汁

　　桜えびごはん　　58

34　ホクホクじゃがバターの味噌汁 60

35　やまいものせん切り味噌汁　61

36　たたきやまいもの味噌汁　62

37　【アレンジ】やまいもの冷や汁　62

38　やまいもの乱切り味噌汁　64

39　なめこととろろ昆布の味噌汁　65

40　いろいろきのこの味噌汁　66

41　せりのだまこ汁　　67

42　生麩としし唐の味噌汁　　68

43　切り干し大根とかいわれの味噌汁 69

44　かんぴょうといんげんの味噌汁 70

3章
肉と魚介の食べ応え味噌汁

45 冬瓜と鶏だんごの味噌汁 　72

46 けんちん味噌汁 　73

47 きほんの豚汁 　74

48 【アレンジ】カレー豚汁 　74

49 【アレンジ】酒粕豚汁 　74

50 梅しそ豚汁 　76

51 納豆豚汁 　77

52 蒸し白菜豚汁 　78

53 あさりと三つ葉の味噌そうめん 　79

54 もずくとゴーヤの味噌汁

　　かつお手ごねずし 　80

55 わかめとたけのこの味噌汁 　82

56 鯛の味噌汁 　83

57 しじみとじゃがいもの味噌汁 　84

58 鯖と大根の船場汁 　85

薬味が食欲をそそる万能味噌を作ろう 　86

59 ひき肉のピリ辛味噌汁 　87

60 ほうれん草と溶き卵の味噌汁 　88

61 キャベツどっさり味噌汁 　89

62 大根と手羽の味噌汁 　90

63 トマトとアボカドとレタスの味噌汁 　91

64 パクチーとさつま揚げの味噌汁 　92

65 ワンタンの皮のつるつる味噌汁 　93

66 鶏肉と春雨のゆずこしょう味噌汁

　　さつまいもごはん 　94

67 蒸しもやし豚汁 　96

68 スペアリブの味噌汁 　97

69 チゲ風味噌汁 　98

70 【アレンジ】チゲうどん 　98

万能味噌を料理に
アレンジしてみよう 　100

4章
にっぽん味噌蔵めぐり
ご当地味噌汁

北海道
71 石狩汁　72 たらの白子味噌汁
73 ミルク豚汁　　　　　　　102

宮城県
74 雪菜の味噌汁
75 きのこ入りいも煮
76 仙台麩味噌汁　　　　　　104

長野県
77 鯖缶の冷や汁　78 道三湯
79 鯖缶とたけのこ味噌汁　　106

東京都
80 どじょう汁　81 刺し身汁
82 たらのつみれ汁　　　　　108

愛知県
83 八丁味噌の冷や汁
84 豆腐となめことあさつきの味噌汁
85 味噌煮込み汁　　　　　　110

富山県
86 わたりがにの味噌汁
87 枝豆の呉汁
88 甘えびの味噌汁　　　　　112

広島県
89 広島菜の味噌汁
90 黄ニラの味噌汁
91 牡蠣の味噌汁　　　　　　114

徳島県
92 すだちの味噌汁
93 ゆず味噌汁
94 じゃこわかめの味噌汁　　116

大分県
95 かぼすの味噌汁
96 とうもろこしの冷製味噌スープ
97 だんご汁　　　　　　　　118

熊本県
98 のっぺい汁
99 南関あげの味噌汁
100 スタミナ味噌汁　　　　　120

食材別索引　　　　　　　　122

効果別索引　　　　　　　　126

「おかず味噌汁」のススメ

昔から飲まれてきた味噌汁。健康や美容にも効く栄養がたっぷりです。
汁ごと食べるので、溶けだした栄養やうま味なども摂ることができます。

具だくさんで栄養満点！

人々が味噌汁を食べるようになったのは、鎌倉時代。庶民の生活にも普及しはじめたのは、江戸時代からです。味噌汁は、「実の3種は身の薬」といわれ、具を3種入れれば栄養バランスが整い、健康にいいといわれています。

入れる食材を食物繊維が豊富なもの、たんぱく質、ビタミン類などが多いものを選ぶことで、便秘解消、冷え取り、美肌などいろいろな効果を期待することができます。その効果から昨今では「ミソスープ」として海外でも注目を集めています。

かんたんなのに、飽きがこない！

　味噌汁には、決まりはありません。旬の食材や好きな食材と味噌を使って作ればOK。食材を切って、煮て、味噌を溶くだけでかんたん。だしも味噌もお好みのものを使いましょう。

　食材は定番の豆腐やネギ、わかめなどはもちろん、トマトやアボカドなど西洋野菜でも意外と味噌となじみます。さらに肉や魚などを入れれば食べ応えもアップ。また麺やごはんを足したり、ミキサーでポタージュにしたり、調味料を追加したりすることで味に変化を出すこともできます。味噌汁は、具や味にバリエーションがつけやすく飽きがきません。

味噌は健康食品

　味噌の原料である大豆には、たんぱく質、ビタミンE、サポニン、イソフラボン、食物繊維が豊富。この大豆を蒸して、麹と塩を混ぜ、発酵し熟成させたのが味噌です。酵素で大豆が分解されているので、体内により吸収しやすくなっています。

　味噌には、腸内環境を整える働きがあり、メラニンの合成を抑制するため美肌効果もあります。また、女性ホルモンの働きを活性化する効果もあるのでアンチエイジングにもなります。

　味噌の塩分を気にする方もいますが、味噌汁1杯の塩分は1.4〜1.6％程度。市販のカップ麺や加工食品よりも少ないのです。それでも塩分が気になるときは、だしをしっかり効かせて味噌を少なめにしましょう。だしの味を感じることでおいしく味わうことができます。また、体内の塩分を排出するカリウムや食物繊維が豊富な食材を使うのもおすすめです。

味噌汁のおいしい作り方

「食材を切って、煮て、味噌を溶く」これだけ。かんたんだからこそ、コツを押さえて格段においしい味噌汁を作りましょう。

食材を準備する ❶ 煮る

食材を準備したら、食べやすい大きさなどに切ります。切り方によって食感や味の染み込み方が変わります。切り方や具の組み合わせによってバリエーションは広がります。

鍋にだしを入れて火が通りにくいものから煮ます。火が通りやすいものは、最後にしましょう。

＋

炒めても

油で食材を先に炒めると、食材の甘みやコクが増したり、香りが立ったりして、ただ煮たときとは、違う味わいを楽しめます。

切り方で、バリエーションが広がる

食材の切り方をいろいろ変えてみましょう。食感や味の染み込み方、煮る時間に違いが出てきます。写真は大根を6種類の切り方で切ってみました。繊維がある野菜の場合、繊維に沿って切ると歯ごたえがあり、煮崩れしにくくなります。繊維に直角に切るとしんなりし、水分が出やすくなるので、煮ると柔らかくなります。

❷ 味噌を溶く

POINT 温めなおすときは？

具に火が通ったら一度火を弱め、煮立ちが落ち着いたら、味噌を溶き入れます。味噌の粒を残したい場合は、おたまで溶き、なめらかにしたい場合は、こし器を使いましょう。

冷えた味噌汁を温めるときは、煮立つ寸前で火を止め、味噌を少し加えると、できたてに近い風味を味わえます。味噌の代わりに少し醬油を垂らしても。

火を止める目安

味噌汁の表面がぐらっとした瞬間に、火を止めます。味噌は煮立たせると風味が飛んでしまうので注意しましょう。

味噌汁をアレンジしよう

味噌汁は一度にたくさん作るという方も多いのでは？
アレンジをしていつもの味噌汁をちょっと変えてみましょう。

主食・主菜にする

ごはん、うどん、そうめんなどを加えて主食にしてみましょう。これだけで満足な1杯に。また、卵や春雨などでボリュームを足すと、主菜にもなります。

チゲ風味噌汁 ＋ 麺 ごはん など ＝ チゲうどん

ポタージュにする

ミキサーにかけて、ポタージュにしてみましょう。味噌汁を作るときに、食材は柔らかくなっているので、ミキサーでかんたんにできます。お好みで牛乳、豆乳を加えたり、パセリを散らしたりしてもいいでしょう。

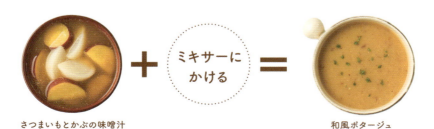

さつまいもとかぶの味噌汁 ＋ ミキサーにかける ＝ 和風ポタージュ

味を変える

調味料を追加することで、手軽に味のアレンジを楽しめます。カレー粉や酒粕などは味噌を溶くときに一緒に溶かします。また、できあがって器によそってから、のせたり、散らしておいしい調味料もあります。

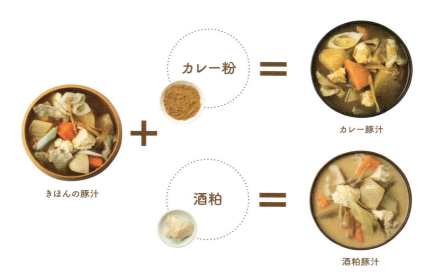

いつもの味にちょこっとプラス

できあがった味噌汁に、のせたり、かけたり、散らしたりするだけ。味と香りとコクが変わります。

ピリっと辛みをつけるなら……
- こしょう
- 粉山椒

香りを足したいなら……
- かつお節
- おろしショウガ
- すりごま
- とろろ昆布
- おろしにんにく

コクをUPしたいなら……
- 溶けるチーズ
- オリーブオイル
- 粉チーズ
- バター
- ヨーグルト
- ごま油
- 豆乳

013

だしのきほん

味噌と食材とだしが一体となって、うま味とコク、風味を生み出して、おいしい味噌汁ができあがるのです。

濃いめのだしが決め手

だしは、昆布、かつお節、いりこがおすすめです。たっぷりと使って、濃いめのだしを作りましょう。丁寧にだしを取ると、とてもいい香りがします。いちいちだしを取るのが面倒という方は、たくさん作って冷蔵・冷凍保存しておくという方法もあります。お好みのだしを見つけてください。

手軽な粉だしでもOK

最近では化学調味料を使わない、昆布やいりこなどの素材のみで作った粉だしも市販されています。それらを使うとよりお手軽です。丁寧にだしを取ることがおっくうに感じる方にはこうしたグッズも便利です。

美噌元では、化学調味料、保存料、食塩などを使用していない粉だしを販売しています。店舗やホームページで購入できます。

だしの種類

おすすめは、昆布、かつお節、いりこの3種です。
それぞれの特徴と、だしの取り方を紹介します。

昆布

具材そのもののうま味やだしを活かしたいとき、あっさりとした味わいを楽しみたいときには、昆布がおすすめです。昆布のうま味成分のグルタミン酸はクセがないので、具材の味を活かします。

(だしの取り方) はさみで切り込みを入れた昆布を30分〜一晩、水につけて、弱火にかけ、沸騰直前で昆布を取り出します。

かつお節

かつお節に含まれるイノシン酸は、野菜にうま味を加えるので、野菜たっぷりの味噌汁におすすめ。根菜、葉物など野菜全般に合います。

(だしの取り方) 沸騰した湯にかつお節を入れ、再び沸騰したら火を止めます。アクを除き、かつお節をこします。

いりこ

魚を干したいりこ(にぼし)には、イノシン酸が豊富。濃厚なだしになります。野菜全般に合いますが、根菜類にとくにおすすめです。

(だしの取り方) 苦みと渋みのある頭とはらわたを取り、30分〜一晩水につけたら、火にかけてアクを除き、出なくなったら火を止めます。

だしの取り方

昆布、かつお節、いりこを組み合わせることでうま味の相乗効果により、おいしいだしになります。本書のレシピではお好みのだしを使いましょう。

昆布 ＋ **かつお節**

クセがないので、味噌汁以外にも合うだし。覚えておくと便利な万能だしです。

細切りネギと豆腐の味噌汁(P.42)、やまいものせん切り味噌汁(P.61)、なめこととろろ昆布の味噌汁(P.65)などにおすすめ。

材料 [作りやすい分量]

水…5カップ／昆布…10cm角1枚分／かつお節…ひとつかみ

作り方

1 鍋に水を入れ、昆布を浸す。できれば一晩、時間がないときは30分〜1時間でもOK。弱火にかけて、ふつふつと泡が出てきたら、昆布を取り出す。

2 強火にして、沸騰したらかつお節を入れて、再び沸騰したら火を止める。アクは取り除く。

3 ざるにペーパータオルを敷いて、だしをこす。冷蔵庫で2日程度保存可能。

昆布 ＋ **いりこ**

色は薄めですが、コクのあるしっかりとした味のだしです。

ぴらぴら大根の味噌汁（P.50）、切り干し大根とかいわれの味噌汁（P.69）、かんぴょうといんげんの味噌汁（P.70）などにおすすめ。

材料［作りやすい分量］

水…5カップ／昆布…10cm角1枚分／いりこ…ひとつかみ

作り方

1 頭とはらわたを取り除く。大きいものは、さいておく。昆布と一緒に水に浸す。できれば半日、時間がないときは30分でもOK。

2 1を弱火にかけて、ふつふつと泡が出てきたら昆布を取り出す。アクが出てきたらすくい、10分ほど煮る。

3 ざるにペーパータオルを敷いて、だしをこす。冷蔵庫で2日程度保存可能。

合わせ味噌がおいしさの決め手

味噌は数種類を合わせて使うと、より一層深みのある味になります。
季節や具材によって使い分けても。

合わせてバリエーションUP

寒い地方の味噌は塩味が強い、暖かい地方の味噌は甘みが強いなど、味噌は産地や原料、配合でさまざまな種類があります。産地が離れた異なる味噌蔵の味噌を合わせると、不足する風味をお互いに補い合って、うま味がさらにアップするといわれています。
美噌元がおすすめする合わせ味噌4種類、「信州味噌」「白味噌」「八丁味噌」「麦味噌」を紹介します。本書のレシピでは、これらから食材に合ったものを使いました。

全国にはさまざまな味噌がある

味噌蔵は全国にあり、それぞれの特徴がある味噌を作っています。基本的な原料は、大豆、塩、麹なのですが、それぞれの配合や、麦や穀物を合わせたり、その蔵のある土地の材料を使ったりしているので、同じものはありません。並べてみると、色も粒加減もさまざまです。その土地の食材と味噌を使ったご当地味噌汁のレシピを、102ページから紹介しています。手に入りにくい現地の食材の代用品も明記してあるので、参考にしてください。

おすすめの合わせ味噌

レシピの中で、食材と合う味噌をアイコンで紹介しています。他の味噌でもおいしくできます。美噌元では、これらの味噌をあらかじめブレンドして販売しています。

し 信州味噌
（しっかり）

ベースとなるのは、信州味噌。米味噌の代表格です。ここに他の味噌をブレンドしていきます。

ま 信州味噌＋白味噌
（まろやか）

信州味噌と白味噌を4：1の割合で合わせました。白味噌の上品な甘さと芳醇な香りを加えて、辛みをまろやかにします。

す 信州味噌＋八丁味噌
（すっきり）

信州味噌と八丁味噌を2：1の割合で合わせました。八丁味噌の濃厚さが信州味噌と合わせることですっきりとしたコクになります。

ゆ 信州味噌＋麦味噌
（ゆったり）

信州味噌と麦味噌を2：1で合わせました。麦味噌の香ばしさと、控えめな甘さがコクのある味わいになります。

● 本書の見方 ●

下準備について
食材のあとの（ ）の中は、下準備、切り方です。調理の際に参考にしてください。

アレンジについて
作った味噌汁を、ミキサーにかけたり、ごはんやうどんを足したりしたアレンジを加えて楽しみます。

味噌について
本書では4種類の合わせ味噌、1種類の万能味噌を使っています。
し＝しっかり、す＝すっきり、ま＝まろやか、ゆ＝ゆったり　は、美噌元でおすすめしている味噌の種類（19ページ参照）です。万能＝万能味噌　は、86ページで紹介している香味野菜入りの味噌です。市販の味噌でもおいしくできあがります。
また、味噌の分量は目安です。味をみながら、調整してください。

── その他の決まりごと ──
- 大さじ1＝15ml、小さじ1＝5mlです。1カップは200ml、米1合は180mlとしています。
- 食材には個体差があります。分量は目安にしてください。
- 電子レンジの加熱時間は、出力600Wで設定したときの目安です。また、加熱時間や火加減も目安です。調理器具によって様子をみながら調整してください。
- だしは、好みのものを使いましょう。作り方は、14ページ参照。
- 里いもやにんじんなど一般的に皮をむく食材は表記を省略しています。

1章 美噌元の人気味噌汁

美噌元のお店で出されている人気のレシピをご紹介。
具だくさんで食べ応えたっぷりです。

1 美噌元の豚汁

1人分
390
kcal

1章 美噌元の人気味噌汁

材料［2人分］

豚バラ肉（3cm幅）…100g
にんじん（7mm厚さのいちょう切り）…3cm
大根（7mm厚さのいちょう切り）…3cm
玉ねぎ（くし形切り）…1個（200g）
こんにゃく（5mm幅）…1/3枚
木綿豆腐（2cm角）…1/4丁（100g）
じゃがいも（7mm厚さのいちょう切り）
　…中1個
白菜（ざく切り）…4枚
だし…300ml
味噌…大さじ2

作り方

❶ 煮る

鍋にだし、じゃがいもと白菜以外の食材を入れ、弱火で20分アクをすくいながら煮込む。根菜が柔らかくなってきたらじゃがいもを加えてさらに10分煮込む。

❷ 味噌を溶く

白菜を加えて、柔らかくなったら味噌を溶いてひと煮立ちさせて、器によそう。

美噌元の人気レシピ。
具だくさんなおかず味噌汁。

2 湯葉とごま豆腐の味噌汁

1人分
127
kcal

材料 [2人分]

湯葉 (ひと口大に切る)…2枚
白ごま豆腐 (3cm角)…1丁
モロヘイヤ (3cm長さ)…100g
えのき (石づきを取り、ほぐす)
　…1/2袋(50g)
とろろ昆布…少々
だし…400ml
㊋味噌…大さじ2

作り方

❶ **煮る**
鍋にだしを温め、モロヘイヤとえのきを入れて中火でさっと煮る。

❷ **味噌を溶く**
湯葉とごま豆腐を入れ、味噌を溶く。ひと煮立ちさせて器によそい、とろろ昆布をのせる。

湯葉とごま豆腐のやさしい風味。
モロヘイヤのとろっとした
食感がおいしい。

3 焼きなすとそうめんの味噌汁

1人分
137
kcal

材料 [2人分]

なす（1cm幅の細切り）…1本
ちりめんじゃこ…5g
そうめん…1束
ショウガ（針ショウガ）…少々
青じそ（せん切り）…2枚
かつお節…ひとつまみ
サラダ油…小さじ1
だし…400ml
㊋味噌…大さじ2

作り方

❶ 煮る

鍋にサラダ油を入れ、なすとちりめんじゃこを強火で炒める。だしを加えて温め、そうめんを入れ中火でさっと煮る。

❷ 味噌を溶く

味噌を溶きひと煮立ちさせて、器によそい、ショウガ、青じそ、かつお節をのせる。

桜ごはん

1人分
283
kcal

材料 [茶碗2杯分]

ごはん…2杯分
桜の塩漬け（軽く水で洗い、絞る）
　…20g

作り方

ごはんに、桜の塩漬けを混ぜる。器によそう。

体においしい column

なす

なすは、大半が水分で、カリウムによる利尿作用がある夏野菜です。皮の紫色は、ナスニンというアントシアニン系色素で、活性酸素の生成を抑制する働きがあるので、生活習慣病の予防や、美肌効果などが期待されます。

1章 美噌元の人気味噌汁

さっぱりした味のそうめん味噌汁。
桜の塩漬けが華やかな
ごはんを添えて。

1章 美噌元の人気味噌汁

酒粕の風味がよい味噌汁。
鮭と根菜は食べ応えがあります。

4 美噌元の粕汁

1人分 224 kcal

材料［2人分］

鮭（ひと口大に切り、酒粕に漬ける）
　…2切れ
酒粕…大さじ2
大根（7mm厚さのいちょう切り）…3cm
にんじん（7mm厚さのいちょう切り）
　…3cm
里いも（7mm厚さの薄切り）…2個
こんにゃく（短冊切り）…1/3枚
醬油…少々
だし…400ml
ま 味噌…大さじ2

作り方

❶ **煮る**

鍋にだし、大根、にんじん、里いも、こんにゃくを入れて、中火で根菜が柔らかくなるまで煮る。

❷ **味噌を溶く**

味噌を溶き、鮭、酒粕を入れ2〜3分煮る。最後に醬油を入れてひと煮立ちさせて、器によそう。

えび団子と鶏肉がボリュームUP。
これだけでメインのおかずにも。

5 ちゃんこ味噌汁

1人分 243 kcal

材料［2人分］

鶏もも肉（ひと口大に切る）…100g
しいたけ（細切り）…2枚
えび団子（市販品）…4個
キャベツ（ざく切り）…1/4個
木綿豆腐（6等分に切る）
　…1/2丁（150g）
結びしらたき…4個
だし…500ml
味噌…大さじ2

作り方

❶ 煮る

鍋にだしを入れ温め、鶏肉、しいたけ、えび団子を入れて、中火で鶏肉に火が通るまで煮る。

❷ 味噌を溶く

キャベツ、豆腐、しらたきを加え、味噌を溶く。ひと煮立ちさせて器によそう。

6 せん切り野菜とつみれの味噌汁

1人分 165 kcal

1章 美噌元の人気味噌汁

材料 [2人分]

- 大根（せん切り）…4cm
- にんじん（せん切り）…4cm
- 水菜（ざく切り）…20g
- えのき（石づきを取り、ざく切り）…10g
- つみれ（市販品）…4個
- 絹ごし豆腐（2cm角）…1/2丁（150g）
- すりごま…大さじ1
- だし…400ml
- す 味噌…大さじ2

作り方

❶ 煮る

鍋にだしを入れ温め、つみれ、豆腐を入れて中火で2〜3分煮る。

❷ 味噌を溶く

味噌を溶き、すりごま以外の食材を加えてひと煮立ちさせる。器によそい、すりごまをかける。

・ 手作りつみれの作り方 ・

【材料】
- アジ…2尾
- 青じそ…4枚
- 塩…少々
- 片栗粉…大さじ3

【作り方】
アジを三枚におろし、材料すべてをフードプロセッサーにかける。ひと口大に丸める。

せん切り野菜がシャキシャキ。すりごまの香りが風味豊かです。

7 サンラータン味噌汁

1人分
352
kcal

材料［2人分］

鶏ひき肉…100g
卵…2個
トマト（8等分に切る）…1個(150g)
えのき（石づきを取り、小分けにする）
　…1/2袋(50g)
酢…大さじ2
ごま油…大さじ2
黒こしょう…少々
だし…400ml
㊥味噌…大さじ2

作り方

❶ 炒める

鍋にごま油をひき、トマト、ひき肉、卵を中火で炒める。

❷ 味噌を溶く

だしを入れて温め、味噌を溶き、えのきと酢を入れてひと煮立ちさせる。器によそい、黒こしょうをふる。

※お好みで水溶き片栗粉でとろみをつけたり、ラー油を入れたりしても。

酸味がクセになるさっぱり味。
トマトの赤と卵の黄色がきれい。

8 アボカドとツナの味噌汁

1人分 222 kcal

材料 [2人分]

アボカド（食べやすい大きさに切る）
　…1個
ツナ水煮缶（汁気をきる）…1/2缶
キャベツ（ざく切り）…6枚
しめじ（石づきを取り、ほぐす）
　…1/2袋(50g)
オリーブオイル…少々
黒こしょう…少々
だし…400ml
す 味噌…大さじ2

作り方

❶ 煮る

鍋にだしを入れ温め、ツナ、すべての野菜を入れて中火で2分煮る。

❷ 味噌を溶く

味噌を溶きひと煮立ちさせて、器によそい、オリーブオイルと黒こしょうをかける。

コーンごはん

1人分 324 kcal

材料 [茶碗4杯分]

とうもろこし
　（包丁で芯から実を削ぎ落としておく）
　…1本
米（研いで30分ザルにあげておく）…2合
水…400ml
塩…少々
バター…小さじ2

作り方

❶炊飯器に米、水、とうもろこしの実、芯を入れ炊く。

❷炊き上がったら芯を取りのぞき、塩をふり、器によそう。バターをのせる。

アボカド

森のバターとも呼ばれる濃厚な味。多く含まれる脂質のほとんどが不飽和脂肪酸なので、コレステロールの低下や血液サラサラなどの効果が期待されます。食物繊維、カリウム、アミノ酸なども豊富に含まれている栄養バランスにすぐれた食材です。

アボカドの緑が鮮やかな洋風味噌汁。
やさしい甘みのコーンごはんを添えて。

9 とろとろ味噌汁

1人分
128
kcal

1章 美噌元の人気味噌汁

材料［2人分］

納豆…60g
やまいも（皮をむき、すりおろす）…100g
オクラ（小口切り）…2本
もずく（水戻し）…20g
とろろ昆布…少々
だし…400ml
す 味噌…大さじ2

作り方

❶ 煮る

鍋にだしを入れて温め、オクラ、もずくを入れ、中火で温める。

❷ 味噌を溶く

オクラに火が通ったら、納豆をほぐして加え、味噌を溶く。よく混ぜて、器によそい、やまいもととろろ昆布をのせる。

とろとろ食材がたくさんの味噌汁。
夏バテのときなどにぴったり。

2章 野菜たっぷり味噌汁

野菜をメインとした味噌汁のレシピです。
野菜ごとにまとめました。

10 ほうれん草の豆乳味噌汁

1人分
161
kcal

2章 野菜たっぷり味噌汁 〉 ほうれん草

材料[2人分]

ほうれん草(4cm長さ)…1/2束
豆乳…100ml
ベーコン(1cm幅の短冊切り)…2枚
コーン…少々
だし…300ml
し 味噌…大さじ2

作り方

❶ 煮る
鍋にだしを入れて温め、ほうれん草、ベーコン、コーンを入れて中火でひと煮立ちさせる。

❷ 味噌を溶く
味噌を溶き、豆乳を加えて、ひと煮立ちさせて、器によそう。

◆ アレンジレシピ ◆

11 ほうれん草の豆乳味噌ポタージュ

ミキサーにかけて表情を変えましょう。
ベーコンのうま味が効いた和風のポタージュです。

1人分
161
kcal

材料[1人分]

ほうれん草の豆乳味噌汁
　…1杯分

作り方

ほうれん草の豆乳味噌汁を、ミキサーで撹拌する。鍋に入れ、ひと煮立ちさせて、器によそう。

洋風スープのような食材が
意外に味噌にマッチします。

| arrange |

2章 野菜たっぷり味噌汁 小松菜

カルシウムたっぷりの味噌汁。
ごま油の香りが食欲をそそります。

12 小松菜としらすの味噌汁

1人分
60
kcal

材料[2人分]

小松菜(4cm長さ)…1/2束
しらす…10g
のり…適量
ごま油…少々
だし…400ml
ゆ 味噌…大さじ2

作り方

❶ 煮る

鍋にだしを入れて温め、小松菜、しらすを入れて、中火でさっと煮る。

❷ 味噌を溶く

味噌を溶き、ひと煮立ちさせて、器によそう。のりをちぎってのせ、ごま油をかける。

食感の違いを楽しめます。
山椒の香りをきりっと効かせて。

13 小松菜としめじとちくわの味噌汁

材料 [2人分]

小松菜（4cm長さ）…1/2束
しいたけ（薄切り）…2個
ちくわ（斜め切り）…1本
山椒…少々
だし…400ml
す 味噌…大さじ2

作り方

❶ 煮る
鍋にだしを入れて温め、小松菜、しいたけ、ちくわを入れ、中火でさっと煮る。

❷ 味噌を溶く
味噌を溶き、ひと煮立ちさせて、器によそい、山椒をかける。

14 ねばねば味噌汁

1人分
132
kcal

2章 野菜たっぷり味噌汁 〉 モロヘイヤ

材料［2人分］

モロヘイヤ（3cm長さ）…50g
絹ごし豆腐（1.5cm角）…1/2丁(150g)
ひきわり納豆…1パック
だし…400ml
Ⓛ 味噌…大さじ2

作り方

❶ 煮る

鍋にだしを入れて温め、モロヘイヤ、豆腐を入れ、中火でさっと煮る。

❷ 味噌を溶く

味噌を溶き、納豆を入れひと煮立ちさせて、器によそう。

ねばねばの食感と
絹ごし豆腐ののどごしで食がすすむ。

15 モロヘイヤのすり流し味噌汁

1人分 51 kcal

材料[2人分]

モロヘイヤ（ざく切りにして、下ゆで）
　…1/2束（50g）
オクラ（小口切りにし、下ゆで）…2本
だし…400ml
ゆ味噌…大さじ2

作り方

❶ **ミキサーにかける**
ミキサーにだしの半量、モロヘイヤを入れ攪拌する。

❷ **味噌を溶く**
鍋に残りのだし、❶を入れて温め、味噌を溶く。オクラを入れ、ひと煮立ちさせたら、器によそう。

だしの風味を感じるとろとろ味噌汁。
冷やして冷や汁にしても。

16 キャベツと桜えびの味噌汁

1人分
91
kcal

2章 野菜たっぷり味噌汁 〜 キャベツ

材料［2人分］

キャベツ（ざく切り）…3枚
桜えび（乾燥）…10g
揚げ玉…大さじ2
だし…400ml
Ⓐ味噌…大さじ2

作り方

❶ **煮る**
鍋にだしを入れて温め、キャベツを入れて、中火で2分煮る。

❷ **味噌を溶く**
キャベツに火が通ったら味噌を溶く。ひと煮立ちさせたら、器によそい、桜えび、揚げ玉をのせる。

キャベツのやさしい甘みと、
桜えびの香ばしさを味わって。

17 キャベツと菜の花とはんぺんの味噌汁

1人分 95 kcal

材料 [2人分]

キャベツ（ざく切り）…4枚
菜の花（半分に切る）…2束
はんぺん（ひと口大の三角に切る）
　…1/2枚
だし…400ml
ゆ 味噌…大さじ2

作り方

❶ 煮る
鍋にだしを入れて温め、キャベツ、はんぺんを入れ、中火で2分煮る。

❷ 味噌を溶く
キャベツに火が通ったら、味噌を溶き、菜の花を入れてひと煮立ちさせたら、器によそう。

シャキシャキの菜の花と
ふんわりはんぺんの食感が楽しい。

2章 野菜たっぷり味噌汁 〜 長ネギ

ネギと水菜の歯ごたえと
大きめ豆腐が食べ応え◎

18 細切りネギと豆腐の味噌汁

1人分
126
kcal

材料[2人分]

長ネギ（白髪ネギにする）…1本
水菜（4等分）…1/2束
絹ごし豆腐（3cm角）…1/2丁(150g)
だし…400ml
ま 味噌…大さじ2

作り方

❶ 煮る

鍋にだしを入れて温め、豆腐を入れ、中火で火が通るまで煮る。

❷ 味噌を溶く

味噌を溶き、水菜を入れひと煮立ちさせたら、器によそい、白髪ネギをのせる。

19 ねぎま味噌汁

1人分
100
kcal

材料［2人分］

長ネギ（5cm長さに切り、トースターで
　焦げ目がつくまで10分焼く）…1本
マグロ(刺身用赤身)（ひと口大）
　…80g
粗びき黒こしょう…少々
だし…400ml
す 味噌…大さじ2

作り方

❶ **煮る**
鍋にだしを入れて温め、ネギ、マグロを入れ中火で2分煮る。

❷ **味噌を溶く**
味噌を溶きひと煮立ちさせたら、器によそう。黒こしょうをかける。

香ばしく焦げたネギと
存在感のあるマグロがよく合う。

20 ネギとおろしれんこんの味噌汁

1人分
119
kcal

2章
野菜たっぷり味噌汁 〜 長ネギ／なす

材料［2人分］

長ネギ（小口切り）…1本
れんこん（すりおろす）…10cm
車麩（水につけて戻し、水気をきり、
　食べやすい大きさに切る）…2枚
ショウガ（すりおろす）…少々
だし…400ml
Ⓛ 味噌…大さじ2

作り方

❶ 煮る

鍋にだしを入れて温め、車麩を入れ、中火で3分煮る。れんこんを加えさっと煮る。

❷ 味噌を溶く

味噌を溶きひと煮立ちさせたら、器によそいネギとショウガをのせる。

とろみがあるやさしい口あたり。
車麩で食べ応えがたっぷり。

焼きなすがとろける味噌汁。
口に含むとあおさとみょうがの風味が広がります。

21 焼きなすとみょうがの味噌汁

1人分
70
kcal

材料［2人分］

なす（グリルで焼き、冷まして皮をむき、さく）…1本
あおさ（水で戻す）…30g
みょうが（せん切り、飾り用に少し取っておく）…4個
だし…400ml
す 味噌…大さじ2

作り方

❶ 煮る

鍋にだしを入れて温め、焼きなすを入れ、中火でひと煮立ちさせる。

❷ 味噌を溶く

味噌を溶き、みょうがを入れひと煮立ちさせる。器によそい、あおさ、飾り用のみょうがをのせる。

22 なすと厚揚げの味噌汁

1人分 199 kcal

2章 野菜たっぷり味噌汁 〜 なす

材料[2人分]

なす（斜め切りにし、色落ち防止のため塩水で軽くゆでる）…1本
厚揚げ（油抜きをし、ひと口大）…2枚
ニラ（3cm長さ）…4本
だし…400ml
- 味噌…大さじ2

作り方

❶ 煮る

鍋にだしを入れて温め、なす、厚揚げを入れ、中火でなすが柔らかくなるまで煮る。

❷ 味噌を溶く

味噌を溶き、ニラを加えて、ひと煮立ちさせたら、器によそう。

大きめの具材が食べ応えUP。
厚揚げでコクが出ます。

23 簡単揚げなす風味噌汁

1人分
104
kcal

材料[2人分]

なす（乱切り）…1本
ショウガ（すりおろす）…大さじ1
ごま油…大さじ1
だし…400ml
ゆ 味噌…大さじ2

作り方

❶ 揚げ焼きにする
鍋にごま油を入れ、なすを揚げ焼きにする。だしを加えて温める。

❷ 味噌を溶く
味噌を溶き、ひと煮立ちさせたら、器によそい、ショウガをのせる。

なすのうま味がじんわりしみ出る、
揚げなす風の味噌汁です。

24 トマトの冷や汁

1人分
108 kcal

2章

野菜たっぷり味噌汁 〉 トマト

材料 [2人分]

トマト（食べやすい大きさに切る）
　…1/2個
きゅうり（薄切り）…1/2本
みょうが（薄切り）…1個
ショウガ（せん切り）…少々
青じそ（せん切り）…4枚
木綿豆腐（水きりして、粗く崩す）
　…1/2丁（150g）
だし…400ml
ゆ味噌…大さじ2

作り方

❶ **味噌を溶く**

ボウルにだしを入れ、味噌を溶かす。

❷ **冷やす**

青じそ以外の食材を入れて、冷蔵庫でよく冷やす。冷えたら、器によそい、青じそを散らす。

さっぱりと涼し気な味噌汁。
ごはんやそうめんにかけるのもおすすめ。

25 トマトとズッキーニのヨーグルト味噌汁

1人分 58 kcal

材料 [2人分]

トマト（食べやすい大きさに切る）
　…1/2個
ズッキーニ（斜め切り）…1/2本
ヨーグルト…大さじ1/2
だし…400ml
ゆ 味噌…大さじ2

作り方

❶ 煮る
鍋にだしを入れて温め、ズッキーニを入れ、中火でひと煮立ちさせる。

❷ 味噌を溶く
トマト、ヨーグルトを加え、味噌を溶き、ひと煮立ちさせたら、器によそう。

ヨーグルトを入れることで
まろやかなうま味がある味噌汁に。

ピーラーで切ると、食感がシャキシャキに。
見た目がリボンのよう。

2章 野菜たっぷり味噌汁 〜 大根

26 ぴらぴら大根の味噌汁

1人分
47
kcal

材料[2人分]

大根（ピーラーでスライスする）…4cm
わかめ(塩蔵)（水にさらして塩抜きし、
　食べやすい大きさに切る）…50g
だし…400ml
ま 味噌…大さじ2弱

作り方

❶ 煮る

鍋にだし、大根、わかめを入れ、中火でひと煮立ちさせる。

❷ 味噌を溶く

味噌を溶き、ひと煮立ちさせて、器によそう。

お餅で食べ応えたっぷり。
大根おろしでさっぱり食べられます。

27 大根おろしとお餅の味噌汁

1人分
158
kcal

材料［2人分］

大根（おろす）…5cm
餅（半分に切る）…2個
だし…400ml
Ⓛ味噌…大さじ2

作り方

❶ 煮る

鍋にだしを入れて温め、餅を入れ、中火で餅が柔らかくなるまで煮る。

❷ 味噌を溶く

餅に火が通ったら、味噌を溶き、大根おろしを入れる。ひと煮立ちさせたら、器によそう。

28 沢煮椀風の野菜の味噌汁

1人分
136
kcal

材料［2人分］

大根（せん切り）…2cm
にんじん（せん切り）…1/4本
ごぼう（せん切り）…1/4本
しいたけ（せん切り）…2枚
油揚げ（油抜きをして、せん切り）
　…1/4枚
ごま油…大さじ1
だし…400ml
🟦味噌…大さじ2

作り方

❶ 炒める
鍋にごま油を入れ、食材をすべて入れ中火で炒める（焦げ目をつけてもおいしい）。全体がしんなりしてきたら、だしを入れて温める。

❷ 味噌を溶く
味噌を溶き、ひと煮立ちさせたら、器によそう。

体においしいcolumn

大根

大根には、消化酵素がたっぷり。酵素のアミラーゼは胃腸の働きを整える効果があります。便秘にも効果的。また、ビタミンCも豊富なので、美肌効果も。葉の部分は、緑黄色野菜なのでβ-カロテンなどの栄養が豊富です。

豚肉とせん切り野菜の塩味の汁ものが沢煮椀。
豚肉の代わりに油揚げでヘルシーにしました。

29 かぼちゃとひき肉の味噌汁

1人分
213
kcal

2章　野菜たっぷり味噌汁 〜 かぼちゃ

材料［2人分］

かぼちゃ（薄切り）…80g
鶏ひき肉…100g
チンゲン菜（5cm長さ）…1/2束
すりごま…大さじ2
だし…400ml
ま 味噌…大さじ2

作り方

❶ 煮る

鍋にだしを入れて温め、かぼちゃ、スプーンでだんご状にしたひき肉を入れ中火でかぼちゃが柔らかくなるまで煮る。

❷ 味噌を溶く

チンゲン菜を加えて、火が通ったら、すりごまを入れる。味噌を溶き、ひと煮立ちさせたら、器によそう。

かぼちゃの黄色とチンゲン菜の緑の色合いが食欲をそそります。

30 ほうとう風味噌汁

1人分
363
kcal

材料［2人分］

かぼちゃ（乱切り）…80g
豚切り落とし肉
　（食べやすい大きさに切る）…150g
しめじ（石づきを取り、ほぐす）
　…1/2パック（50g）
小松菜（5cm長さ）…1/2束
ほうとう（表示されている時間通りにゆでる）…2玉
だし…800ml
ゆ 味噌…大さじ4

作り方

❶ 煮る

鍋にだしを入れて温め、かぼちゃ、豚肉を入れ、中火でかぼちゃが柔らかくなるまで煮る。

❷ 味噌を溶く

しめじと小松菜を加え、2分煮る。ほうとうを入れ、味噌を溶き、器によそう。

ほうとうが味噌に合う
一杯でお腹も満足するボリューミーな味噌汁。

31 さつまいもとかぶの味噌汁

1人分
142
kcal

材料［2人分］

さつまいも（食べやすい大きさに切る）
　…1/2本
かぶ（くし形切り）…1個
練りごま…少々
だし…400ml
ま 味噌…大さじ2

作り方

❶ 煮る
鍋にだし、さつまいもを入れ、中火でさつまいもが柔らかくなるまで煮る。かぶを加え軽く火が通るまで煮る。

❷ 味噌を溶く
味噌と練りごまを溶き、ひと煮立ちさせて、器によそう。

― アレンジレシピ ―

32 さつまいもとかぶの味噌ポタージュ

さつまいもがぽってりした口あたりに。
だしが香る滋味深いポタージュです。

1人分
142
kcal

材料［1人分］

さつまいもとかぶの味噌汁
　…1杯分
パセリ(刻む)…少々

作り方

さつまいもとかぶの味噌汁1杯分をミキサーで撹拌し、鍋に入れて、温めたら、器によそう。パセリを散らす。

\ arrange /

さつまいものホクホク感と
かぶの甘みに思わず顔がほころびます。

057

33 里いもと黒ごまの味噌汁

1人分
116
kcal

2章 野菜たっぷり味噌汁 ～ いも類

材料［2人分］

里いも（皮をむいて、ひと口大に切る）
　…4個
まいたけ（石づきを取り、ほぐす）
　…1/2袋（50g）
黒ごま…大さじ1
だし…400ml
す 味噌…大さじ2

作り方

❶ 煮る

鍋にだし、里いもを入れ、中火で里いもが柔らかくなるまで煮る。

❷ 味噌を溶く

まいたけを入れ、火が通ったら黒ごまを入れる。味噌を溶き、ひと煮立ちさせて、器によそう。

桜えびごはん

1人分
290
kcal

材料［茶碗4杯分］

米（洗って、ザルにあげる）…2合
桜えび（乾燥）（弱火で軽く炒める）…15g
昆布だし…300ml
酒…大さじ1
塩…小さじ1/2
薄口醬油…小さじ1
ショウガ（せん切り）…1片
三つ葉（ざく切り）…1/2束（25g）

作り方

❶炊飯器に三つ葉以外の材料を入れて、炊く。

❷器によそい、三つ葉を散らす。

里いもがホクホクで、
八丁味噌のこっくり味が里いもにもよく合います。
桜えびが香ばしいごはんです。

34 ホクホクじゃがバターの味噌汁

1人分
156
kcal

2章 野菜たっぷり味噌汁〜いも類

材料[2人分]

じゃがいも（ひと口大に切る）…1個
あさり（砂抜きをしておく）…100g
玉ねぎ（薄切り）…1/4個
バター…大さじ1
だし…400ml
㊀味噌…大さじ2

作り方

❶ **煮る**

鍋にだし、じゃがいも、玉ねぎを入れて、中火でじゃがいもが柔らかくなるまで煮込む。

❷ **味噌を溶く**

あさりを入れ、口が開いたら味噌を溶く。ひと煮立ちさせたら、器によそいバターをのせる。

まるでじゃがバターのような味わい。
あさりがうま味をUP。

せん切りのやまいもがシャキシャキ食感。
青のりがふんわり香ります。

35 やまいものせん切り味噌汁

1人分
84
kcal

材料[2人分]

やまいも（せん切り）…5cm
青のり…大さじ1
だし…400ml
す 味噌…大さじ2

作り方

❶ 煮る

鍋にだしを入れて温め、やまいもを入れ、中火でさっと煮る。

❷ 味噌を溶く

味噌を溶き、ひと煮立ちさせ、器によそい青のりをかける。

36 たたきやまいもの味噌汁

1人分
85
kcal

2章 野菜たっぷり味噌汁 いも類

材料［2人分］

やまいも
（皮をむき、ビニール袋に入れて、たたく）
　…5cm
なめこ（水でさっと洗う）…1/2袋(50g)
からし…小さじ1
だし…400ml
す 味噌…大さじ2

作り方

❶ 煮る

鍋にだしを入れて温め、なめこを入れ、中火でひと煮立ちさせる。

❷ 味噌を溶く

味噌を溶き、やまいもを入れてひと煮立ちさせ、器によそいからしをのせる。

◆ アレンジレシピ ◆

37 やまいもの冷や汁

1人分
337
kcal

冷たいのでサラッと食べられて、
夏バテにもおすすめのごはん。

材料［1人分］

たたきやまいもの味噌汁
　…1杯分
ごはん…1杯分

作り方

たたきやまいもの味噌汁を冷蔵庫で冷やし、ごはんにかける。

※お好みでかつお節や明太子を添えても。

たたきやまいものざくざく食感が◎。
からしがアクセントの味噌汁。

\ arrange /

063

38 やまいもの乱切り味噌汁

1人分 78 kcal

2章 野菜たっぷり味噌汁 ～いも類／きのこ

材料[2人分]

やまいも（乱切り）…5cm
わかめ（乾燥）…15g
だし…400ml
- 味噌…大さじ2

作り方

❶ **煮る**
鍋にだし、やまいも、わかめを入れ、中火でさっと煮る。

❷ **味噌を溶く**
味噌を溶き、ひと煮立ちさせ、器によそう。

やまいもを乱切りにして
ホクホクとした存在感を味わって。

39 なめこととろろ昆布の味噌汁

1人分
47
kcal

材料[2人分]

なめこ（水でさっと洗う）…1袋(100g)
とろろ昆布…適量
三つ葉（ざく切り）…2本
だし…400ml
ま 味噌…大さじ2

作り方

❶ **煮る**

鍋にだしを入れて温め、なめこを入れ、中火でさっと煮る。

❷ **味噌を溶く**

味噌を溶き、ひと煮立ちさせて器によそう。とろろ昆布と三つ葉をのせる。

のどごしのよいとろとろ味噌汁。
三つ葉の香りがアクセントに。

40 いろいろきのこの味噌汁

1人分 57 kcal

材料[2人分]

きのこ(しめじ、まいたけ、えのき、
　エリンギなど)(石づきを取り、ほぐす)
　…合わせて200g
だし…400ml
ゆ 味噌…大さじ2

作り方

❶ 煮る
鍋にだしを入れて温め、すべての
きのこを入れ、中火でさっと煮る。

❷ 味噌を溶く
味噌を溶き、ひと煮立ちさせ、器
によそう。

2章 野菜たっぷり味噌汁 > きのこ / いろいろ [せり]

きのこを贅沢にたっぷりと。
うま味がUPして、秋らしい味わいに。

41 せりのだまこ汁

1人分 461 kcal

材料［2人分］

せり（ざく切り）…1束
鶏もも肉（ひと口大に切る）…200g
ごぼう（ささがき）…1/4本
しらたき（食べやすい大きさに切る）
　…1/2袋（100g）
長ネギ（斜め切り）…1本
ごはん（やや硬め）…200g
だし…600ml
す 味噌…大さじ3

作り方

❶ 煮る

ボウルにごはんを入れ、すりつぶし、丸める。鍋にだし、鶏肉、ごぼう、しらたきを入れて中火で煮込む。

❷ 味噌を溶く

味噌を溶き入れ、ひと煮立ちさせたら、せり、ネギ、だまこを入れる。器によそう。

もちもちしただまこが楽しい。
お腹いっぱいになる味噌汁。

焼いた生麩と、しし唐が香ばしい。
からしがアクセントに。

42 生麩としし唐の味噌汁

1人分
95
kcal

材料[2人分]

生麩（トースターで焼く）…4切れ
しし唐（トースターで焼く）…6本
溶きがらし…少々
だし…400ml
す 味噌…大さじ2

※溶きがらしとは、粉末のからしをぬるま湯か水で溶いたもの。からし本来の辛みが味わえる。なければ練りがらしでも。

作り方

❶ 煮る

鍋にだしを入れ、煮立ったら生麩、しし唐を入れて、中火でさっと煮る。

❷ 味噌を溶く

味噌を溶き、ひと煮立ちさせたら、器によそいからしをのせる。

切り干し大根のシャキシャキ感と
かいわれの辛みがおいしい。

43 切り干し大根とかいわれの味噌汁

1人分
55
kcal

材料[2人分]

切り干し大根（水に戻した状態）
　（食べやすい大きさに切る）…20g
かいわれ大根（根を切る）
　…1/2パック(50g)
ちくわ（斜め切り）…1本
だし…400ml
Ⓛ味噌…大さじ2

作り方

❶ 煮る

鍋にだしを入れて温め、切り干し大根、ちくわを入れ、中火でさっと煮る。

❷ 味噌を溶く

味噌を溶き、かいわれ大根を入れて、ひと煮立ちさせ、器によそう。

44 かんぴょうといんげんの味噌汁

1人分
54
kcal

2章 野菜たっぷり味噌汁 〜 いろいろ[かんぴょう]

材料［2人分］

かんぴょう…10g
さやいんげん（斜め切り）…4本
だし…400ml
ま 味噌…大さじ2

作り方

❶ 煮る

かんぴょうは、水洗いして塩少々（分量外）をふり、弾力が出るまでよくもみ洗いをする。塩分を流し水気をしぼり2cm長さに切る。鍋にだしを入れ温め、かんぴょうを入れ、中火で好みの柔らかさになるまで煮る。

❷ 味噌を溶く

味噌を溶き、さやいんげんを入れて、ひと煮立ちさせ、器によそう。

かんぴょうの食感がサクサクして、いんげんの緑が鮮やかな味噌汁です。

3章 肉と魚介の食べ応え味噌汁

肉と魚介が主役の味噌汁レシピです。
メインのおかずにもなるような味噌汁です。

45 冬瓜と鶏だんごの味噌汁

1人分
204
kcal

3章 肉と魚介の食べ応え味噌汁 〉鶏肉

材料［2人分］

冬瓜(皮をむき、種とワタをとり、
　食べやすい大きさに切る)…1/8個
＜鶏だんご＞
　鶏ひき肉…100g
　ショウガ汁…少々
　卵黄…1個分
　片栗粉…小さじ1
だし…400ml
ゆ 味噌…大さじ2

作り方

❶ 煮る

鶏だんごの材料をボウルに入れ、混ぜ合わせる。鍋にだしを入れ、沸騰したら、ひと口大に丸めた鶏だんごを入れる。アクが出たらすくう。

❷ 味噌を溶く

冬瓜を加えて、中火で柔らかくなるまで煮る。味噌を溶き、ひと煮立ちさせたら、器によそう。

大きめの冬瓜と鶏だんごで食べ応えたっぷり。
鶏のうま味がとけこみます。

46 けんちん味噌汁

1人分
283
kcal

材料［2人分］

鶏もも肉（ひと口大に切る）…100g
大根（5mm厚さのいちょう切り）…3cm
にんじん（5mm厚さのいちょう切り）…3cm
油揚げ（油抜きをして、1cm幅の短冊切り）
　…1枚
干ししいたけ（水で戻し、薄切り）…2枚
ごぼう（ささがき）…4cm
ショウガ汁…大さじ1
ごま油…大さじ1
だし…400ml
Ⓛ味噌…大さじ2

作り方

❶ 炒める

鍋にごま油を入れ、食材を中火で炒める。

❷ 味噌を溶く

肉の色が変わったらだしを加えて、5分煮込む。味噌を溶き、ひと煮立ちさせて、器によそう。

ごま油で炒めて風味がある
具だくさんのおかず味噌汁。

47 きほんの豚汁

1人分 225kcal

材料［2人分］

豚もも肉（ひと口大に切る）…100g
大根（乱切り）…4cm
にんじん（乱切り）…4cm
ごぼう（ささがき）…1/2本
こんにゃく（細切り）…1/4枚
里いも（ひと口大に切る）…2個
長ネギ（斜め切り）…1/2本
木綿豆腐…1/4丁(100g)
だし…450ml
Ⓛ 味噌…大さじ2

作り方

❶ 煮る
鍋にだしを入れ、豆腐以外の食材を入れ中火で野菜が柔らかくなるまで煮る。

❷ 味噌を溶く
豆腐を手でくずしながら入れて、味噌を溶く。さらに10分ほど煮て、器によそう。

◆ アレンジレシピ ◆

48 カレー豚汁

1人分 237kcal

スパイシーな味と香りにアレンジ。

材料［1人分］

きほんの豚汁…2人分
カレー粉…大さじ1

作り方

きほんの豚汁に、カレー粉を味噌と同じタイミングで溶き入れる。

49 酒粕豚汁

1人分 283kcal

とろみが出て、体もぽかぽか温まるアレンジ。

材料［1人分］

きほんの豚汁…2人分
酒粕…40g

作り方

きほんの豚汁に、酒粕を味噌と同じタイミングで溶き入れる。

8種の具が入った定番の豚汁。
調味料を加えて
味わいの変化を楽しんで。

3章 肉と魚介の食べ応え味噌汁 〉豚肉

梅干しでさっぱりとした味わいに。
片栗粉をまぶした豚肉もつるんとしています。

50 梅しそ豚汁

1人分 220kcal

材料［2人分］

豚肩ロース薄切り（ひと口大に切り、
　片栗粉をまぶして湯通しする）…100g
片栗粉…少々
やまいも（せん切り）…50g
絹ごし豆腐（2cm角）…1/4丁（100g）
梅干し…2個
青じそ（せん切り）…4枚
だし…400ml
す 味噌…大さじ2

作り方

❶ 煮る

鍋にだしを入れ温め、豚肉、やまいも、豆腐を加え、中火でさっと煮る。

❷ 味噌を溶く

味噌を溶き、ひと煮立ちさせたら、器によそう。梅干しと青じそを添える。

51 納豆豚汁

1人分
312
kcal

材料[2人分]

豚バラ肉（2cm幅に切る）…100g
納豆…1パック
ごぼう（ささがき）…6cm
なめこ（水でさっと洗う）…1袋(100g)
絹さや（斜め薄切り）…4枚
だし…400ml
ゆ 味噌…大さじ2

作り方

❶ **煮る**

鍋にだし、ごぼう、豚肉を入れ、中火でさっと煮る。

❷ **味噌を溶く**

なめこ、絹さやを加えて、味噌を溶き、納豆を入れて、ひと煮立ちさせる。器によそう。

とろとろとしたのどごしと
ごぼうの食感が楽しめます。

3章 肉と魚介の食べ応え味噌汁 > 豚肉／あさり

えのきと白髪ネギの食感が心地いい。
蒸すので味がギュッと凝縮しています。

52 蒸し白菜豚汁

1人分 268kcal

材料［2人分］

豚バラ肉（3cm幅に切る）…100g
白菜（ざく切り）…1/4個
えのき（石づきを取り、半分に切り、ほぐす）
　…1/2袋(100g)
長ネギ（白髪ネギにする）…1本
だし…250ml
└味噌…大さじ2

作り方

❶ 蒸し煮する

鍋に白菜、豚肉、えのき、長ネギの順に重ねて、だしを入れたらフタをして中火で10分蒸し煮にする。

❷ 味噌を溶く

味噌を溶き、ひと煮立ちさせて、器によそう。

あさりのうま味が出た汁も味わって。
三つ葉の香りがアクセントになります。

53 あさりと三つ葉の味噌そうめん

1人分
178
kcal

材料 [2人分]

あさり（砂抜きをする）…200g
三つ葉（ざく切り）…適量
そうめん（ゆでる）…2束
だし…400ml
す 味噌…大さじ2

作り方

❶ 煮る

鍋にだし、あさりを入れて、中火であさりの口が開くまで煮る。開いたら、あさりを取り出しておく。

❷ 味噌を溶く

味噌を溶き、ひと煮立ちさせて、ゆでたそうめんを加え、器によそう。あさりと三つ葉を散らす。

54 もずくとゴーヤの味噌汁

1人分 46 kcal

材料［2人分］

生もずく…100g
ゴーヤ（ワタを取り薄切りにし、
　塩もみをして水洗い）…1/4本
だし…400ml
味噌…大さじ2

作り方

❶ **だしを温める**
鍋にだしを入れ温める。

❷ **味噌を溶く**
味噌を溶き、ゴーヤ、もずくを入れて、ひと煮立ちさせたら、器によそう。

かつお手ごねずし

1人分 436 kcal

材料［茶碗2杯分］

かつお（刺し身用）…200g
〈漬け汁〉
　煮きりみりん…小さじ2
　濃口醬油…大さじ2
ごはん…2杯分
〈合わせ酢〉
　酢…大さじ1と1/2
　砂糖…大さじ1
　塩…小さじ1/2
いりごま…小さじ2
みょうが（みじん切り）…1個
ショウガ（みじん切り）…1かけ
青じそ（せん切り）…4枚
刻みのり…少々

作り方

❶ かつおを漬け汁に15分漬けておく。

❷ ごはんに合わせ酢を混ぜ、酢飯を作る。いりごま、みょうが、ショウガ、青じそを入れて混ぜる。

❸ 器によそい、❶とのりを散らす。

ゴーヤの緑が鮮やかな味噌汁。
かつおの照りが食欲をそそるごはんとともに。

55 わかめとたけのこの味噌汁

1人分
41
kcal

材料[2人分]

わかめ(乾燥)…小さじ2
水煮たけのこ(薄切り)…1/4本
だし…400ml
Ⓛ 味噌…大さじ2

作り方

❶ 煮る
鍋にだしを入れて温め、たけのこを入れて、中火でさっと煮る。

❷ 味噌を溶く
味噌を溶き、わかめを入れて、ひと煮立ちさせたら、器によそう。

たけのこの食感が楽しい、シンプル具材の味噌汁。

56 鯛の味噌汁

1人分
183
kcal

材料［2人分］

鯛切り身（たっぷりの塩をまぶして、食べやすく切り、熱湯をかける）…2切れ
長ネギ（白髪ネギにする）…少々
酒…少々
だし…400ml
す 味噌…大さじ2

作り方

❶ **煮る**
鍋にだし、鯛、酒を入れて、中火で煮る。

❷ **味噌を溶く**
鯛に火が通ったら味噌を溶き、器によそう。白髪ネギを飾る。

鯛のうま味とふわふわな身を
贅沢に味わう一杯。

3章 肉と魚介の食べ応え味噌汁／しじみ／鯖

しじみからのだしもたっぷり。
じゃがいものほくほく感もおいしい。

57 しじみとじゃがいもの味噌汁

1人分
114
kcal

材料［2人分］

しじみ（水洗いをして、砂抜きをしておく）
　…200g
じゃがいも（輪切り）…1個
酒…大さじ1
だし…400ml
Ⓛ味噌…大さじ2

作り方

❶ **煮る**

鍋にだしとじゃがいもを入れ、中火でじゃがいもが柔らかくなるまで煮る。しじみと酒を入れて、弱火で煮る。

❷ **味噌を溶く**

しじみの口が開いたら、味噌を溶き、器によそう。

大阪の船場で生まれた汁
鯖と味噌の相性は抜群。

58 鯖と大根の船場汁

1人分 258 kcal

材料 [2人分]

鯖切り身（たっぷりと塩をふり、10分ほどおいて、食べやすくそぎ切りし、熱湯をさっとかける）…2切れ
大根（いちょう切り）…4cm
青ネギ（3cm長さ）…2本
昆布…5cm角1枚
ショウガ（すりおろす）…少々
酒…大さじ2
だし…400ml
す 味噌…大さじ2

作り方

❶ 煮る

鍋にだし、鯖、大根、昆布、酒を入れて、中火にかける。煮立つ寸前に火を弱めて、昆布を取り出し、アクを取る。

❷ 味噌を溶く

大根に火が通ったら、味噌を溶き、青ネギ、ショウガを加え、ひと煮立ちさせたら、器によそう。

> 味噌汁も！料理も！

薬味が食欲をそそる
万能味噌を作ろう

味噌に薬味を混ぜた万能味噌を作ってみましょう。
にんにくとショウガ、ごま油の香りが食欲をそそります。
もちろん味噌汁に入れてもよし、
料理の味付けにもよし、の合わせ味噌を紹介します。

▶ **材料**［作りやすい分量］

味噌…100g
おろしショウガ…1片分
おろしにんにく…1片分
ごま油…少々

▶ **作り方**

すべて混ぜて、合わせ味噌にする。

▶ **万能味噌の保存方法**

密閉容器に入れて、冷蔵保存しましょう。2週間を目安に使いきるようにしてください。

59 ひき肉のピリ辛味噌汁

1人分
372
kcal

材料［2人分］

<肉味噌>
　豚ひき肉…100g
　ごま油…大さじ1
　みりん…小さじ1
　豆板醤…小さじ1
　 万能 味噌（P.86）…大さじ2
もやし…100g
春雨（ゆでて食べやすい大きさに切る）…20g
ニラ（5cm長さ）…100g
半熟卵（半分に切る）…1個
糸切り唐辛子…少々
すりごま…大さじ1
だし…400ml

作り方

❶ **煮る**

肉味噌の材料を鍋に入れ炒める。別の鍋に、だし、もやし、春雨を入れて中火でさっと煮る。

❷ **味噌を溶く**

だしを入れた鍋に、肉味噌、ニラ、ごまを加える。中火でひと煮立ちさせる。器によそい、半熟卵と糸唐辛子を盛りつける。

とろける半熟卵を
ピリ辛の肉味噌にからめて。

60 ほうれん草と溶き卵の味噌汁

1人分
151
kcal

材料［2人分］

ほうれん草（4等分）…1/2束
もやし…100g
ごま油…小さじ1
溶き卵…2個分
だし…400ml
万能 味噌（P.86）…大さじ2

作り方

❶ **煮る**

鍋にごま油を入れ、もやしを炒める。だしを加えて温め、ほうれん草を入れ中火でさっと煮る。

❷ **味噌を溶く**

味噌を溶き、ひと煮立ちさせたら溶き卵を流し入れ、軽く煮たら、器によそう。

緑と黄の鮮やかな色合い。
朝ごはんにもぴったり。

61 キャベツどっさり味噌汁

1人分
110
kcal

材料[2人分]

キャベツ(せん切り)…1/16個
にんじん(せん切り)…1/2本
まいたけ(ほぐす)
　…1/2袋(50g)
バター…大さじ1
だし…400ml
万能 味噌(P.86)…大さじ2

作り方

❶ **炒める**
鍋にバターを入れ、キャベツ、にんじん、まいたけを炒める。

❷ **味噌を溶く**
だしを加えて温め、味噌を溶いたら、ひと煮立ちさせる。器によそう。

バターの風味でコクが出る
たっぷり野菜の味噌汁。

万能味噌のにんにくのコクが
手羽先とよく合います。

62 大根と手羽の味噌汁

1人分
209
kcal

材料［2人分］

大根（2cm角）…6cm
鶏手羽先（グリルで軽く焼く）…4本
だし…400ml
万能 味噌（P.86）…大さじ2

作り方

❶ 煮る

鍋にだし、大根、手羽先を入れ、中火で大根が柔らかくなるまで煮る。

❷ 味噌を溶く

味噌を溶き、ひと煮立ちさせたら、器によそう。

女性好みのカラフルな色合い。
トマトがおいしいだしとして、効いています。

63 トマトとアボカドとレタスの味噌汁

1人分
108
kcal

材料［2人分］

トマト（くし切り）…1/2個
アボカド（皮をむき、種を取り、食べやすい
　大きさに切る）…1/2個
レタス（ちぎる）…1/8個
だし…400ml
万能 味噌（P.86）…大さじ2

作り方

❶ **煮る**

鍋にだしを入れて温め、トマトとアボカドを入れて、さっと煮る。

❷ **味噌を溶く**

味噌を溶き、レタスを加えて、ひと煮立ちさせたら、器によそう。

パクチーとナンプラーが
アジアン風味の味付けに。

64 パクチーとさつま揚げの味噌汁

1人分
100
kcal

材料［2人分］

パクチー（ざく切り）…1/2袋
さつま揚げ（4等分に切る）…2個
ナンプラー…小さじ1
だし…400ml
万能 味噌（P.86）…大さじ2

作り方

❶ **煮る**

鍋にだしを入れて温め、さつま揚げを入れ、中火でさっと煮る。

❷ **味噌を溶く**

味噌を溶かし、パクチーを入れひと煮立ちさせたら、器によそう。仕上げにナンプラーをかける。

65 ワンタンの皮のつるつる味噌汁

1人分 77 kcal

材料[2人分]

ワンタンの皮（半分に三角に切る）
　…6枚
豆苗（根を切る）…1/2パック(50g)
だし…400ml
万能 味噌（P.86）…大さじ2

作り方

❶ **だしを温める**
鍋にだしを入れ、温める。

❷ **味噌を溶く**
味噌を溶き、ワンタンの皮、豆苗を入れ、ひと煮立ちさせ器によそう。

シャキシャキ、つるつる、食感の違いを楽しめる一杯。

ゆずこしょうがアクセントの具だくさん味噌汁。
さつまいもの甘みを感じるごはんと、一緒に。

さつまいもごはん

1人分 357 kcal

材料［茶碗4杯分］

米（洗って、ザルにあげる）…2合
さつまいも（1cm厚さのいちょう切りにして、水に1時間さらす）…1本
水…300ml
塩…少々
黒ごま…少々

作り方

炊飯器に、黒ごま以外の材料をすべて入れて炊く。器によそい、黒ごまを散らす。

66 鶏肉と春雨のゆずこしょう味噌汁

材料[2人分]

鶏胸肉（削ぎ切りにして、片栗粉をまぶして下ゆで）…100g
片栗粉…少々
春雨（ゆでて、ざく切り）…20g
まいたけ（ほぐす）…1/2パック(50g)
白菜（ざく切り）…2枚
ゆずこしょう…少々
だし…400ml
(万能) 味噌（P.86）…大さじ2

作り方

1人分
160
kcal

❶ 煮る
鍋にだしを入れて温め、鶏肉、春雨、まいたけ、白菜を入れ、中火で5分煮る。

❷ 味噌を溶く
味噌とゆずこしょうを溶き、ひと煮立ちさせたら、器によそう。

67 蒸しもやし豚汁

1人分
261
kcal

材料 [2人分]

豚バラ肉（3cm幅）…100g
もやし…200g
長ネギ（斜め切り）…8cm
ニラ（5cm長さ）…1パック
だし…250ml
万能 味噌（P.86）…大さじ2

作り方

❶ 蒸し煮にする

鍋に豚肉、もやし、長ネギ、ニラの順に重ねて、だしを入れたらフタをして中火で10分蒸し煮にする。

❷ 味噌を溶く

味噌を溶き、器によそう。

シャキシャキの歯ごたえがいい。
蒸し煮で野菜のうま味をぎゅっとつめこんで。

68 スペアリブの味噌汁

1人分
571
kcal

材料 [2人分]

スペアリブ（10〜15分下ゆでをしておく）
　…300g
にんにく（皮をむく）…2片
里いも（半分に切る）…2個
ごぼう（乱切り）…1/2本
小ネギ（小口切り）…少々
だし…450ml
万能 味噌（P.86）…大さじ2

作り方

❶ 煮る

鍋にだしを温め、スペアリブ、にんにくを入れ、中火で30分煮る。

❷ 味噌を溶く

味噌を溶かし、里いも、ごぼうを加えて中火で10分煮る。器によそい、小ネギを散らす。

ごちそう感のあるスペアリブ、
ごろっとしたにんにくがほくほく。

69 チゲ風味噌汁

材料［2人分］

あさり（砂抜きをする）…200g
木綿豆腐（6等分）…1丁(300g)
長ネギ（斜め切り）…1/2本
キムチ…100g
ニラ（ざく切り）…20g
もやし…1/2袋
ごま油…大さじ1
だし…400ml
万能 味噌（P.86）…大さじ2

作り方

❶ 炒める

鍋にごま油を入れ、キムチと長ネギを炒める。

❷ 味噌を溶く

だし、残りの材料を入れ、あさりの口が開いてきたら、味噌を溶く。ひと煮立ちさせたら、器によそう。

◆ アレンジレシピ ◆

70 チゲうどん

うどんを足して、
ボリューミーなひと皿に。

材料［1人分］

チゲ風味噌汁…1杯分
うどん…1玉

作り方

チゲ風味噌汁に、ゆでて、水でしめたうどんを加え、ひと煮立ちさせる。

ピリ辛の韓国風味噌汁、
あさりと野菜のうま味が溶け出します。

万能味噌を料理にアレンジしてみよう

万能味噌は、味噌汁以外の料理にも使うことができます。味噌とショウガ、にんにくが混ぜてあるので、それだけで風味豊かな調味料に。また、ほかの調味料をちょい足ししてアレンジすれば、メインのおかずの味付けのバリエーションが広がります。

"味噌から揚げ"
万能味噌に醤油を混ぜて、食べやすい大きさに切った鶏肉を漬けこむ。片栗粉をまぶして揚げる。

"味噌ショウガ焼き"
万能味噌に醤油とみりんを混ぜて、豚肉を漬けこんで焼く。

"肉と野菜の味噌炒め"
万能味噌でお好みの野菜（キャベツや玉ねぎなど）と肉（豚肉など）を炒める。

"野菜ディップ"
万能味噌をスティック野菜につける。

"焼きおにぎり"
万能味噌をおにぎりにつけて焼く。

美噌元には、ごはんにのせたり、野菜につけたり、そのままでもおいしいおかず味噌があります。美噌元のサイトから購入することができます。

4章 にっぽん味噌蔵めぐり ご当地味噌汁

全国の味噌蔵から、ご当地の味噌を使ったレシピを紹介します。ご当地ならではの食材を使っています。その土地の味を楽しんでみてください。

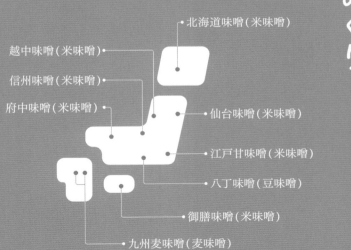

- 北海道味噌(米味噌)
- 越中味噌(米味噌)
- 信州味噌(米味噌)
- 府中味噌(米味噌)
- 仙台味噌(米味噌)
- 江戸甘味噌(米味噌)
- 八丁味噌(豆味噌)
- 御膳味噌(米味噌)
- 九州麦味噌(麦味噌)

4章 にっぽん味噌蔵めぐり ご当地味噌汁

71

北海道
[北海道味噌]

1年のうち半年は気温が低い地域なので、長期熟成などの北海道独自の味噌作りがされています。北海道味噌の麹の割合はやや高く、塩分は控えめな温和な味です。古くから佐渡や新潟との交流があったことから、佐渡味噌に近い赤色系の中辛味噌が代表的です。

72

73

【蔵元】
岩田醸造
[紅一点十勝無添加粒]

1892年創業。緑豊かな千歳に製造工場があります。支笏湖一帯の自然が与えてくれた地下水、大豆は十勝産のトヨハルカ、麹にゆきひかりの米を使用。[紅一点十勝無添加粒]は、甘口で芳醇な味わいで、コクとうま味が引き立つ赤粒味噌です。

71 石狩汁　バターが香る、郷土鍋をアレンジ。

1人分 332kcal

材料［2人分］

生鮭（酒をふり、食べやすく切る）
　…2切れ(150g)
酒…少々
にんじん（いちょう切り）…3cm
じゃがいも（5mm幅の輪切り）…小2個
玉ねぎ（くし形切り）…半分100g
ブロッコリー（小房にわける）…1/2株
バター…20g
だし…400ml
味噌(北海道味噌)…大さじ2
山椒…お好みで

作り方

1. フライパンにバターを入れ、水分をふき取った鮭の皮目を下にして、中火で焼く。
2. 鍋にだしを入れ、じゃがいも、にんじんを入れて中火で柔らかくなるまで煮る。
3. 火が通ったら、玉ねぎとブロッコリー、1をバターごと加えて、軽く煮る。
4. 味噌を溶き入れて、ひと煮立ちしたら、器によそう。

72 たらの白子味噌汁　北海道の冬の風物詩。

1人分 87kcal

材料［2人分］

たらの白子…150g
塩…少々
長ネギ（薄切り）…5cm
だし…400ml
味噌(北海道味噌)…大さじ2

作り方

1. 白子を軽く水洗いをし、ボウルに入れる。塩をふり、やさしく全体を混ぜ合わせる。水（分量外）を入れて、ぬめりをとり、薄皮をむき、食べやすい大きさに切る。
2. 鍋にだし、長ネギを入れて、中火で煮えたら、白子を入れる。軽く煮る。
3. 味噌を溶き入れ、ひと煮立ちしたら、器によそう。

73 ミルク豚汁　牛乳でまろやかな味わいの豚汁。

1人分 448kcal

材料［2人分］

豚肉(カレー用)…100g
じゃがいも（いちょう切り）…小2個
玉ねぎ（いちょう切り）…1/4個
にんじん（いちょう切り）…3cm
サラダ油…大さじ1
牛乳…400ml
味噌(北海道味噌)…大さじ2

作り方

1. 鍋にサラダ油を入れ、豚肉を入れ色が変わったら野菜を中火で炒める。火が通ったら、牛乳を加える。
2. 野菜が柔らかくなるまで煮込んだら、味噌を溶きひと煮立ちさせたら、器によそう。

宮城県
［仙台味噌］

伊達政宗が兵糧として重要視していた食品が味噌でした。その作り方を受け継ぎ、現在に至ります。長期熟成タイプの赤味噌で、辛口の米味噌。大豆のコクとうま味が特長で、飽きのこないすっきりとしたおいしさです。

4章 にっぽん味噌蔵めぐり ご当地味噌汁

74

75

76

【蔵元】
仙台味噌醤油

［仙台みそ］

大正8年創業。伊達政宗の頃から伝わる原料配合と伝統の技を守り、味噌醸造を行なっています。［仙台みそ］は、蔵の代表ともいえる味噌で、大豆のうま味を引き出し、米麹の甘さがほどよくすっきりとした味わいです。

74 雪菜の味噌汁
宮城名産の雪菜の味噌汁。

1人分 74 kcal

材料［2人分］
雪菜（3cm長さ）…1/2束
油揚げ（油抜きをして、短冊切り）…1/2枚
だし…400ml
味噌（仙台味噌）…大さじ2
※雪菜は、小松菜でもおいしくできます。

作り方
❶ 鍋にだしを入れて温め、食材を入れ、中火でさっと煮る。
❷ 味噌を溶き入れ、ひと煮立ちさせたら、器によそう。

75 きのこ入りいも煮
仙台風いも煮は、豚肉で味噌ベース。

1人分 231 kcal

材料［2人分］
豚肉（食べやすい大きさに切る）…100g
里いも（食べやすい大きさに切る）…4個
ごぼう（ささがき）…1/4本
しめじ（ほぐす）…1/2パック（100g）
まいたけ（ほぐす）…1/2パック（100g）
長ネギ（斜め切り）…1/2本
酒…大さじ1
みりん…小さじ2
だし…400ml
味噌（仙台味噌）…大さじ2

作り方
❶ 鍋にだしを入れ、豚肉、里いも、ごぼうを入れて中火で里いもが柔らかくなるまで煮る。アクはこまめに取る。
❷ きのこ、長ネギを入れて、軽く煮たら、味噌を溶き入れ、酒、みりんを加え、ひと煮立ちさせたら器によそう。

76 仙台麩味噌汁
ご当地白菜のシャキシャキ歯ごたえがおいしい。

1人分 70 kcal

材料［2人分］
仙台白菜（ひと口大）…2枚
仙台麩（食べやすい大きさに切る）…1/2本
だし…400ml
味噌（仙台味噌）…大さじ2
※仙台白菜は、白菜でもおいしくできます。

作り方
❶ 鍋にだしを入れて温め、白菜、麩を入れて中火で麩が柔らかくなるまで煮る。
❷ 味噌を溶き入れ、ひと煮立ちさせて、器によそう。

長野県
［信州味噌］

武田信玄が農家を奨励したことで、味噌作りが盛んになりました。今では信州味噌が日本各地で生産され、全国の味噌生産量の約40%を占めています。淡色で辛口。やや酸味のある香りがします。

77

78

79

【蔵元】
山吹味噌
［コクとかおり］

1674年創業。味噌蔵のある小諸は、江戸や上方、越後や上州などから延びる主要街道が交差する土地だったので、信州味噌の流通に最適でした。［コクとかおり］は、300年続く蔵にて自家培養した酵母菌を使い、コクと香りがある中甘口の味噌です。

77 鯖缶の冷や汁　郷土食を冷や汁にアレンジ。

1人分 276 kcal

材料［2人分］
鯖水煮缶…1缶（200g）
きゅうり（薄切りにし、塩もみをする）…1本
みょうが（せん切り）…2個
青じそ（せん切り）…4枚
白すりごま…大さじ2
白だし…大さじ1
冷水…200ml
味噌（信州味噌）…大さじ2
ごはん…茶碗2杯分

作り方
❶ ボウルに冷水、白だし、味噌、すりごまを入れて混ぜ合わせる。
❷ 粗くほぐして汁気をきった鯖缶、水気をしぼったきゅうりを入れて混ぜ、ごはんにかける。みょうがと青じそをのせる。

78 道三湯（どうさんゆ）　戦国時代の医者道三が考えた風邪に効く即席汁。

1人分 26 kcal

材料［2人分］
長ネギ（みじん切り）…大さじ1分
おろしショウガ…少々
かつお節…1パック（3g）
湯…150ml
味噌（信州味噌）…大さじ1

作り方
器に、材料をすべて入れて、よく混ぜる。

79 鯖缶とたけのこ味噌汁　たけのこの歯ごたえが楽しい郷土食。

1人分 142 kcal

材料［2人分］
鯖水煮缶…1/2缶（100g）
ひめたけのこ水煮（ひと口大）…4本
長ネギ（長さ3cm）…1本
だし…400ml
味噌（信州味噌）…大さじ2

作り方
❶ 鍋にだしを入れて温め、ほぐした鯖缶を汁ごとを入れて中火でさっと煮る。ひめたけのこ、長ネギを入れて、沸騰させる。
❷ 味噌を溶かし入れ、ひと煮立ちさせたら、器によそう。

東京都
［江戸甘味噌］

深く蒸した大豆の香りと、たっぷりと使う米麹のとろりとした甘みが特長。熟成期間は10日と短く、塩分も少ないため劣化も早い味噌です。徳川家康の出身地の八丁味噌と京都の白味噌を兼ね備えた味噌として、江戸中期より醸造されました。

4章 にっぽん味噌蔵めぐり ご当地味噌汁

80

81

82

【蔵元】
日出味噌醸造元
［江戸甘味噌］

大正8年創業。創業当初から江戸甘味噌を製造し、味噌はもちろんのこと、発酵技術を軸にした商品開発をしています。［江戸甘味噌］は、光沢のある茶褐色で、深く蒸した大豆の香りと麹の甘みが調和した、とろりとした独特の甘みがあります。

80 どじょう汁　江戸下町の夏の風物詩。

1人分 233 kcal

材料［2人分］

- 小さめのどじょう…50g
- 酒…少々
- ごぼう（ささがき）…1/2本
- 里いも（ひと口大）…2個
- 油揚げ（油抜きをして、短冊切り）…1/2枚
- 長ネギ（小口切り）…1/2本
- 絹ごし豆腐（4等分の角切り）…1/2丁（150g）
- 酒、醬油、サラダ油…各少々
- だし…400ml
- 味噌（江戸甘味噌）…大さじ2

※どじょうの旬は6〜7月。まれにスーパーや鮮魚店で購入できます。なければ取り寄せましょう。さんまの水煮缶でもおいしくできます。

作り方

1. ボウルにどじょうと酒を入れて、5分ほどおく（泥吐きをしていなければ、しておく）。
2. 鍋にサラダ油を入れ、どじょうを中火で炒める。少し焦げ目がつくくらいが目安。
3. だし、ごぼう、里いもを入れ、里いもに火が通るまで煮る。
4. 油揚げ、豆腐を加え、酒と醬油を入れ、軽く煮る。味噌を溶き入れ、ひと煮立ちさせたら器によそい、長ネギを添える。

81 刺し身汁　江戸前の刺し身を使ったさっぱりとした味わい。

1人分 111 kcal

材料［2人分］

- 白身の刺し身（鯛など）（酒をふっておく）…10切れ
- ショウガ（せん切り）…少々
- 三つ葉（ざく切り）…少々
- だし…400ml
- 味噌（江戸甘味噌）…大さじ2

作り方

1. 鍋にだしを入れ温め、刺し身を入れて、中火でさっと煮る。
2. 味噌を溶き入れて、器によそい、ショウガと三つ葉を散らす。

82 たらのつみれ汁　ほろほろとした、たらのつみれがおいしい。

1人分 158 kcal

材料［2人分］

<つみれ>
- たらの切り身…2切れ
- 塩…小さじ1と1/3
- 卵白…1/2個分
- おろしショウガ…1片分

- にんじん（半月切り）…12g
- 大根（いちょう切り）…30g
- 長ネギ（斜め切り）…15g
- しめじ（石づきを取り、ほぐす）…30g
- 木綿豆腐（1.5cm角）…1/4丁（75g）
- だし…360ml
- 味噌（江戸甘味噌）…大さじ1
- 味噌（仙台味噌）…大さじ1

作り方

1. たらの皮をはがし、フードプロセッサーですりつぶす。塩を加えて、ねばりが出るまで混ぜ、卵白、ショウガを加えて、さらによく混ぜる。ひと口大に丸めておく。
2. 鍋にだし、①、にんじん、大根、長ネギ、しめじ、豆腐を入れて、柔らかくなるまで煮る。
3. 味噌を溶き入れ、ひと煮立ちさせたら、器によそう。

愛知県
［八丁味噌］

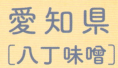

良質の大豆、食塩を使い、2年以上も天然醸造させて作る豆味噌。水分を少なく仕込み、熟成期間が長いため、色が濃く、硬くなります。濃厚なうま味、渋みがあり、塩味は控えめです。煮込んでもうま味や香りが飛ばないため、煮込み料理によく使われます。

【蔵元】
カクキュー
［八丁味噌］

1645年創業。岡崎市八帖町で江戸時代初期から、大きな木桶に仕込み職人が天然の川石を積み上げて重石とし、2年以上の天然醸造で熟成させる伝統製法で造り続けています。［八丁味噌］は、地元の三河産の大豆を使った豆味噌です。

83 八丁味噌の冷や汁　きりっとした味わいの冷や汁。

1人分
92
kcal

材料［2人分］

木綿豆腐（手でちぎる）…80g
きゅうり（縦半分に切って、薄切り）…1/4本
ツナ水煮缶（汁気をきる）…50g
青じそ（せん切り）…2〜3枚
みょうが（せん切り）…1個
すりごま(白)…小さじ1
おろしショウガ…1/4片分
だし…300ml
味噌（八丁味噌）…大さじ1と1/2

作り方

❶すり鉢に味噌を入れ、だしを少しずつ加えながら、すりこぎでよく溶かす。なめらかになるまで溶かしたら冷蔵庫で冷やす。ショウガを入れ混ぜる。

❷器に豆腐、きゅうり、ツナを盛りつけ、❶を注ぎ、青じそ、みょうが、ごまを散らす。

84 豆腐となめことあさつきの味噌汁

1人分
88
kcal

なめこと絹ごし豆腐ののどごしがよい味噌汁。

材料［2人分］

絹ごし豆腐（2cm角）…1/4丁（75g）
なめこ（軽く水洗いをする）…1袋（100g）
あさつき（小口切り）…2本
だし…400ml
味噌（八丁味噌4：信州味噌1）
　…大さじ2

作り方

❶鍋にだしを入れ中火で温める。

❷味噌を溶き入れ、豆腐、なめこを入れ中火で温める。ひと煮立ちしたら器によそいあさつきを散らす。

85 味噌煮込み汁　名古屋定番の味噌煮込みうどんを味噌汁に。

1人分
486
kcal

材料［2人分］

鶏もも肉（ひと口大）…200g
油揚げ（油抜きをして、短冊切り）…1/2枚
しいたけ（軸を切り、半分に切る）…2枚
卵…2個
長ネギ（斜め薄切り）…1本
かまぼこ…2枚
みりん…大さじ1
砂糖…大さじ1
だし…600ml
味噌（八丁味噌）…大さじ5

作り方

❶鍋にだしを入れて温め、鶏肉、油揚げ、しいたけを入れて中火で煮る。

❷鶏肉に火が通ったら、味噌を溶き入れ、みりん、砂糖を入れ3分煮たのち、長ネギ、かまぼこ、卵を入れてひと煮立ちさせる。器によそう。

※お好みでうどんを入れると味噌煮込みうどんになります。

富山県
[越中味噌]

富山は米の生産量が多いため、そこで作られる越中味噌は米麹の割合が多く、米麹の粒が残るタイプの味噌です。すっきりとしたうま味のある中辛、色味は淡色です。さわやかな甘い香りがします。

にっぽん味噌蔵めぐり　ご当地味噌汁

86

87

88

【蔵元】
杉野味噌醤油

[こだわり無添加越中みそ]

大正11年創業。当初は醤油作りをメインとし、昭和40年代より越中味噌の販売を始めました。[越中みそ]は、たっぷりの北陸米米麹と富山県産エンレイ大豆、国産塩のみでじっくりと熟成させています。天然のまま蔵出しした昔ながらの田舎味噌です。

86 わたりがにの味噌汁
お祝いやおもてなしにぴったり。

1人分 82kcal

材料［2人分］
わたりがに（洗って、2等分にする）…1杯
酒…少々
あさつき（小口切り）…少々
ゆで汁…400ml
味噌（越中味噌）…大さじ2
※わたりがにの旬は、初夏〜夏。スーパーや鮮魚店で購入できます。

作り方
❶ 鍋にたっぷりの水（分量外）、酒、わたりがにを入れて、中火で煮る。沸騰してきたら弱火にし20分煮る。アクが出てきたら、取る。

❷ わたりがにに火が通ったら、取り出す。400mlのゆで汁にわたりがにを戻し、味噌を溶き入れ、ひと煮立ちさせたら器によそう。あさつきを散らす。

87 枝豆の呉汁
大豆をすりつぶして作る「呉汁」を枝豆で。

1人分 132kcal

材料［2人分］
枝豆(生)（さやから出し、薄皮をむく）
　…100g
木綿豆腐（半分に切る）…1/4丁(75g)
だし…400ml
味噌（越中味噌）…大さじ2

作り方
❶ 枝豆は飾り用に少し取っておき、すり鉢でする（フードプロセッサーでも）。飾り用はさっとゆでる。

❷ 鍋にだしを温め❶を溶かし、豆腐を入れる。味噌を溶き入れたら、器によそう。飾り用の枝豆をのせる。

88 甘えびの味噌汁
名産の甘えびを具に。刺し身の残りを使っても。

1人分 63kcal

材料［2人分］
甘えびの頭…10匹分
細ネギ（小口切り）…少々
だし…400ml
味噌（越中味噌）…大さじ2

作り方
❶ 鍋で甘えびの頭を中火で乾煎りする。

❷ だしを加えて温め、味噌を溶き入れ、ひと煮立ちしたら器によそう。細ネギを散らす。

広島県
［府中味噌］

関西の白味噌と並ぶ白色の甘味噌。種皮をのぞいた脱皮大豆から作られます。熟成期間が短いので、塩分濃度が低く、色も白く、麹の甘みが強い味噌になります。白味噌単独で使わず、他の味噌との合わせ味噌にして家庭で使われています。

89

90

【蔵元】
新庄みそ

［かきだし入りみそ］

1923年創業。広島への原爆投下により蔵などすべてが焼失しましたが、終戦から2年後には再建。広島の味噌を代表する「ゴールデン新庄みそ」がロングセラーとなりました。［かきだし入りみそ］は、広島産の牡蠣からエキスを抽出し、牡蠣のだしの香る味噌にしました。

91

89 広島菜の味噌汁
漬け物で親しまれる広島菜を味噌汁に。

1人分 51 kcal

材料［2人分］

広島菜（2cm長さ）…50g
大根（せん切り）…3cm
焼き麩…小4個
だし…400ml
味噌（府中味噌）…大さじ2
※広島菜は、チンゲン菜でもおいしくできます。

作り方

❶ 鍋にだし、大根を入れて中火で柔らかくなるまで煮る。
❷ 広島菜、麩を入れて、火が通ったら味噌を溶き入れ、ひと煮立ちさせる。器によそう。

90 黄ニラの味噌汁
柔らかく黄色がきれいな黄ニラを使って。

1人分 43 kcal

材料［2人分］

黄ニラ（3cm長さ）…1束
長ネギ（斜め切り）…少々
だし…400ml
味噌（府中味噌）…大さじ2
※黄ニラはニラでもおいしくできます。

作り方

❶ 鍋にだしを入れて、中火でひと煮立ちさせる。
❷ 味噌を溶かし入れ、黄ニラと長ネギを入れ、ひと煮立ちしたら、器によそう。

91 牡蠣の味噌汁
牡蠣を味わう広島ならではの味噌汁。

1人分 83 kcal

材料［2人分］

生牡蠣…6個(100g)
春菊（半分に切る）…1/2束
だし…400ml
味噌（府中味噌）…大さじ2

作り方

❶ 牡蠣をボウルに入れ、片栗粉、塩、水適量（すべて分量外）を入れ、軽く混ぜて洗い流す。
❷ 鍋にだしを入れて温め、牡蠣を入れ、中火で5分煮る。
❸ 春菊を入れ、味噌を溶き入れたら、ひと煮立ちさせる。器によそう。

4章 にっぽん味噌蔵めぐり ご当地味噌汁

徳島県
[御膳味噌]

阿波の藩主、蜂須賀家政が、藍の栽培の間作として始めた大豆が良質の大粒で味噌作りに最適でした。その大豆を使った味噌が蜂須賀候の御膳にも出されたことから御膳味噌と呼ばれるようになりました。米糀の比率が高く、香りや味に甘さを感じる味噌です。

92

93

94

> **【蔵元】**
> 志まや味噌
>
> [七穀みそ]
>
> 1899年創業。「量を追わず、質を追う」という創業時の想いから、麹づくりは今でも手作業で行っています。御膳味噌をベースに[七穀みそ]は、あわ、こきび、たかきび、ひえ、大豆、米、大麦の7つの穀物で仕込んだ、豊かな味わいと香りのする味噌です。

116

92 すだちの味噌汁
名産のすだちをたっぷり使って。

1人分 70 kcal

材料［2人分］

すだち（薄切り）…1個
絹ごし豆腐（1cm角）…100g
わかめ（乾燥）…小さじ1/2
だし…400ml
味噌（御膳味噌）…大さじ2

作り方

❶ 鍋にだしを入れて温め、豆腐、わかめを入れて、中火でひと煮立ちさせる。
❷ 味噌を溶き入れ、器によそう。すだちを浮かべる。

93 ゆず味噌汁
ゆずの香りが味のアクセントに。

1人分 87 kcal

材料［2人分］

ゆずの皮…少々
れんこん（5mm厚さのいちょう切り）…100g
水菜（5cm長さ）…1/2束(100g)
だし…400ml
味噌（御膳味噌）…大さじ2

作り方

❶ 鍋にだし、れんこんを入れて、中火でれんこんが柔らかくなるまで煮る。
❷ 味噌を溶き入れ、水菜を加えてひと煮立ちさせる。器によそい、ゆずの皮をのせる。

94 じゃこわかめの味噌汁
お湯を注ぐだけのかんたん味噌汁。

1人分 40 kcal

材料［2人分］

じゃこ…大さじ1
わかめ（乾燥）…少々
かつお節…3g
湯…150ml
味噌（御膳味噌）…大さじ1

作り方

器に、材料を入れてよく混ぜる。

4章 にっぽん味噌蔵めぐり ご当地味噌汁

大分県
[九州麦味噌]

米の代わりに、麦麹を使った味噌。昔から各家庭で自家用として作られていました。別名田舎味噌とも呼ばれます。麦麹の割合が高いので、甘口のものが多いです。麦独特の芳香がおいしい味噌です。

【蔵元】
フンドーキン醬油

[九州そだち麦]

1861年創業。大分県の臼杵市を流れる臼杵川の中州にあります。醬油の「ゴールデン紫」、味噌の「生きてるみそ」が代表的商品。[九州そだち麦]は、大麦麹を大豆の2倍量使い、甘みとうま味が調和しています。麦の粒も柔らかです。

95

96

97

95 かぼすの味噌汁
かぼすの香りと麦味噌がおいしい。

1人分 69 kcal

材料［2人分］

かぼす（くし形切り）…1/2個
里いも（食べやすい大きさに切る）…2個
しいたけ（薄切り）…1枚
だし…400ml
味噌（九州麦味噌）…大さじ

作り方

① 鍋にだしを入れ、中火で煮立たせる。里いもとしいたけを入れて、里いもが柔らかくなるまで煮る。

② 火が通ったら、味噌を溶き入れ、器によそう。かぼすを添える。

96 とうもろこしの冷製味噌スープ
和風の冷製ポタージュ。

1人分 195 kcal

材料［2人分］

とうもろこし…1本
玉ねぎ（薄切り）…1/4個
バター…10g
パセリ（みじん切り）…少々
豆乳…200ml
だし…100ml
味噌（九州麦味噌）…大さじ1

作り方

① とうもろこしは芯から実をはずし、飾り用に少し実を残しておく。飾り用はグリルで軽く焼く。

② 鍋にバターを溶かし、とうもろこしと玉ねぎを中火で5分炒める。

③ だしを加えて、野菜に火が通ったら、味噌を溶き入れ、粗熱がとれたら、ミキサーにかける。豆乳を加えて、冷蔵庫で冷やす。

④ 器によそい、飾り用とうもろこしとパセリを散らす。

97 だんご汁
平たい麺状の「だんご」がもちもち食感の郷土汁。

1人分 482 kcal

材料［2人分］

＜だんご＞
　小麦粉…150g
　塩…少々
　水…85ml
鶏もも肉（ひと口大）…40g
かぼちゃ（乱切り）…1/8個
里いも（乱切り）…1/2個
大根（乱切り）…1/4本
にんじん（乱切り）…1/2本
油揚げ（油抜きして、短冊切り）…1/2枚
だし…400ml
味噌（九州麦味噌）…大さじ2

作り方

① ボウルに小麦粉、塩、水を入れよく練る。太いきしめん状に切る。ラップに包み、冷蔵庫で1時間程度寝かす。

② 鍋にだしを入れ、中火で煮立たせたら、食材をすべて入れる。

③ 食材に火が通ったら、味噌を溶き入れ、ひと煮立ちしたら器によそう。

※お好みで七味唐辛子を散らしても。

119

熊本県
[九州麦味噌]

九州の筑紫平野、佐賀平野などでは、鎌倉時代から稲の二毛作として麦を栽培していました。九州は温暖な気候のため熟成期間が短く、甘口の味噌になります。色は、淡色のものや地域によっては濃いめの淡赤色のものもあります。

98

99

100

【蔵元】
松合食品
[大地の贈り物]

1827年創業。松合は温暖な気候と豊かな海産物に恵まれている土地です。地元産の原料にこだわり、なるべく添加物を排した味噌づくりに取り組んでいます。[大地の贈り物]は、米と麦の合わせ味噌です。米麹と麦麹の甘み、香り、うま味の調和が取れた味です。

4章 にっぽん味噌蔵めぐり ご当地味噌汁

98 のっぺい汁　食材を細かく刻み、とろみをつけた日本の郷土汁。

1人分
224
kcal

材料 [2人分]

鶏もも肉（8mm角）…1/2枚
ごぼう（8mm角）…1/4本
大根（8mm角）…適量
にんじん（8mm角）…1/4本
里いも（8mm角）…2個
こんにゃく（8mm角）にし、下ゆでをする）
　　…1/6枚
干ししいたけ（水で戻し、8mm角）
　　…2枚
醬油、酒、みりん…各少々
片栗粉…小さじ1強
水…小さじ2
だし…400ml
味噌（九州麦味噌）…大さじ2

作り方

❶鍋にしいたけの戻し汁、だしを入れ、中火で煮立たせる。鶏肉を入れ、アクをすくう。

❷ごぼう、大根、にんじん、里いもを入れて、野菜が柔らかくなるまで煮る。こんにゃく、干ししいたけを入れて煮立たせる。

❸味噌を溶き入れ、醬油、酒、みりんを加え、味を整える。

❹火を止めて、水で溶いた片栗粉をまわし入れて、混ぜる。器によそう。

99 南関あげの味噌汁　南関あげのジャキジャキ歯ごたえ。

1人分
95
kcal

材料 [2人分]

南関あげ（熱湯にくぐらせて、油抜きをし、食べやすく切る）…1/2枚
木綿豆腐（1cm角）…1/4丁（80g）
長ネギ（小口切り）…1/4本
だし…400ml
味噌（九州麦味噌）…大さじ2
※南関あげは、油揚げでもおいしくできます。

作り方

❶鍋にだしを入れ温め、南関あげ、豆腐、長ネギを入れて中火でさっと煮る。

❷味噌を溶き入れる。ひと煮立ちしたら、器によそう。

100 スタミナ味噌汁　ベーコンとにんにくのうま味がじんわり。

1人分
214
kcal

材料 [2人分]

にんじん（0.5cm角）…1/2本
トマト（湯むきをして、くし形切り）…1個
玉ねぎ（1cm角）…1/2個
にんにく（0.5cm角）…1片
ベーコン（1cm幅の短冊切り）…3枚
だし…400ml
味噌（九州麦味噌）…大さじ2

作り方

❶鍋ににんにく、ベーコンを入れて弱火で軽く炒める。だしと残りの食材を加えて中火で煮る。

❷野菜に火が通ったら、味噌を溶き入れて、ひと煮立ちしたら、器によそう。

食材別索引 食材は50音順、レシピは掲載順に並べています。

野菜

アボカド
アボカドとツナの味噌汁 …………… 30
トマトとアボカドとレタスの味噌汁 … 91

いんげん
かんぴょうといんげんの味噌汁 …… 70

枝豆
枝豆の呉汁 ……………………113

おくら
とろとろ味噌汁 …………………… 32
モロヘイヤのすり流し味噌汁 …… 39

かぶ
さつまいもとかぶの味噌汁 ……… 56

かぼす
かぼすの味噌汁 ………………119

かぼちゃ
かぼちゃとひき肉の味噌汁 ……… 54
ほうとう風味噌汁 ………………… 55
だんご汁 …………………………119

かんぴょう
かんぴょうといんげんの味噌汁 ……… 70

黄ニラ
黄ニラの味噌汁 …………………115

きのこ
湯葉とごま豆腐の味噌汁 ………… 23
ちゃんこ味噌汁 …………………… 27
せん切り野菜とつみれの味噌汁 … 28
サンラータン味噌汁 ……………… 29
アボカドとツナの味噌汁 ………… 30
小松菜としめじとちくわの味噌汁 … 37
沢煮椀風の野菜の味噌汁 ……… 52
ほうとう風味噌汁 ………………… 55
里いもと黒ごまの味噌汁 ………… 58
たたきやまいもの味噌汁 ………… 62
なめことととろろ昆布の味噌汁 …… 65
いろいろきのこの味噌汁 ………… 66
けんちん味噌汁 …………………… 73
納豆豚汁 …………………………… 77
蒸し白菜豚汁 …………………… 78
キャベツどっさり味噌汁 ………… 89
鶏肉と春雨のゆずこしょう味噌汁 …… 95
きのこ入りいも煮 ………………105
たらのつみれ汁 …………………109
豆腐となめことあさつきの味噌汁 ……111
味噌煮込み汁 …………………111
かぼすの味噌汁 …………………119
のっぺい汁 ………………………121

キャベツ
ちゃんこ味噌汁 …………………… 27
アボカドとツナの味噌汁 ………… 30
キャベツと桜えびの味噌汁 ……… 40
キャベツと菜の花とはんぺんの味噌汁 41
キャベツどっさり味噌汁…………… 89

切り干し大根
切り干し大根とかいわれの味噌汁 … 69

ゴーヤ
もずくとゴーヤの味噌汁 …………… 80

ごぼう
沢煮椀風の野菜の味噌汁 ……… 52
せりのだまこ汁 …………………… 67
けんちん味噌汁 …………………… 73
きほんの豚汁 …………………… 74
納豆豚汁 …………………………… 77
スペアリブの味噌汁 ……………… 97
きのこ入りいも煮 ………………105
どじょう汁 ………………………109
のっぺい汁 ………………………121

小松菜
小松菜としらすの味噌汁 ………… 36
小松菜としめじとちくわの味噌汁 …… 37
ほうとう風味噌汁 ………………… 55

さつまいも
さつまいもとかぶの味噌汁 ……… 56

里いも
美噌元の粕汁 …………………… 26
里いもと黒ごまの味噌汁 ………… 58
きほんの豚汁 …………………… 74
スペアリブの味噌汁 ……………… 97
きのこ入りいも煮 ………………105
どじょう汁 ………………………109
かぼすの味噌汁 …………………119
だんご汁 …………………………119
のっぺい汁 ………………………121

しし唐
生麩としし唐の味噌汁 …………… 68

じゃがいも
美噌元の豚汁 …………………… 22
ホクホクじゃがバターの味噌汁…… 60
しじみとじゃがいもの味噌汁 …… 84
石狩汁 ……………………………103
ミルク豚汁 ………………………103

すだち
すだちの味噌汁 …………………117

ズッキーニ
トマトとズッキーニのヨーグルト味噌汁 … 49

せり
せりのだまこ汁 …………………… 67

仙台白菜
仙台麩味噌汁 ……………………105

大根
美噌元の豚汁 …………………… 22
美噌元の粕汁 …………………… 26
せん切り野菜とつみれの味噌汁 … 28
ぴらぴら大根の味噌汁 …………… 50
大根おろしとお餅の味噌汁 ……… 51
沢煮椀風の野菜の味噌汁 ……… 52
けんちん味噌汁 …………………… 73
きほんの豚汁 …………………… 74
鯖と大根の船場汁 ……………… 85

	大根と手羽の味噌汁 ‥‥‥‥‥‥ 90	
	たらのつみれ汁‥‥‥‥‥‥‥‥109	
	広島菜の味噌汁 ‥‥‥‥‥‥‥115	
	だんご汁 ‥‥‥‥‥‥‥‥‥‥119	
	のっぺい汁 ‥‥‥‥‥‥‥‥‥121	
たけのこの水煮	わかめとたけのこの味噌汁 ‥‥ 82	
	鯖缶とたけのこ味噌汁 ‥‥‥‥107	
玉ねぎ	美噌元の豚汁 ‥‥‥‥‥‥‥‥ 22	
	ホクホクじゃがバターの味噌汁‥‥ 60	
	石狩汁 ‥‥‥‥‥‥‥‥‥‥‥103	
	ミルク豚汁 ‥‥‥‥‥‥‥‥‥103	
	とうもろこしの冷製味噌スープ ‥‥119	
	スタミナ味噌汁‥‥‥‥‥‥‥121	
チンゲン菜	かぼちゃとひき肉の味噌汁 ‥‥ 54	
冬瓜	冬瓜と鶏だんごの味噌汁 ‥‥ 72	
豆苗	ワンタンの皮のつるつる味噌汁 ‥‥ 93	
とうもろこし	とうもろこしの冷製味噌スープ ‥119	
トマト	サンラータン味噌汁 ‥‥‥‥‥ 29	
	トマトの冷や汁 ‥‥‥‥‥‥‥ 48	
	トマトとズッキーニのヨーグルト味噌汁‥‥ 49	
	トマトとアボカドとレタスの味噌汁 ‥‥ 91	
	スタミナ味噌汁‥‥‥‥‥‥‥121	
長ネギ	細切りネギと豆腐の味噌汁 ‥‥‥ 42	
	ねぎま味噌汁 ‥‥‥‥‥‥‥‥ 43	
	ネギとおろしれんこんの味噌汁‥‥‥ 44	
	せりのだまこ汁 ‥‥‥‥‥‥‥ 67	
	きほんの豚汁 ‥‥‥‥‥‥‥‥ 74	
	蒸し白菜豚汁 ‥‥‥‥‥‥‥‥ 78	
	蒸しもやし豚汁 ‥‥‥‥‥‥‥ 96	
	チゲ風味噌汁 ‥‥‥‥‥‥‥‥ 98	
	たらの白子味噌汁 ‥‥‥‥‥‥103	
	きのこ入りいも煮 ‥‥‥‥‥‥105	
	道三湯 ‥‥‥‥‥‥‥‥‥‥‥107	
	鯖缶とたけのこ味噌汁 ‥‥‥‥107	
	どじょう汁 ‥‥‥‥‥‥‥‥‥109	
	たらのつみれ汁‥‥‥‥‥‥‥109	
	味噌煮込み汁 ‥‥‥‥‥‥‥‥111	
	南関あげの味噌汁 ‥‥‥‥‥‥121	
なす	焼きなすとそうめんの味噌汁‥‥ 24	
	焼きなすとみょうがの味噌汁‥‥ 45	
	なすと厚揚げの味噌汁 ‥‥‥‥ 46	
	簡単揚げなす風味噌汁 ‥‥‥‥ 47	
菜の花	キャベツと菜の花とはんぺんの味噌汁 41	

ニラ	ひき肉のピリ辛味噌汁 ‥‥‥‥‥ 87	
	蒸しもやし豚汁 ‥‥‥‥‥‥‥ 96	
	チゲ風味噌汁 ‥‥‥‥‥‥‥‥ 98	
にんじん	美噌元の豚汁 ‥‥‥‥‥‥‥‥ 22	
	美噌元の粕汁 ‥‥‥‥‥‥‥‥ 26	
	せん切り野菜とつみれの味噌汁 ‥‥ 28	
	沢煮椀風の野菜の味噌汁 ‥‥‥ 52	
	けんちん味噌汁 ‥‥‥‥‥‥‥ 73	
	きほんの豚汁 ‥‥‥‥‥‥‥‥ 74	
	キャベツどっさり味噌汁 ‥‥‥‥ 89	
	石狩汁 ‥‥‥‥‥‥‥‥‥‥‥103	
	ミルク豚汁 ‥‥‥‥‥‥‥‥‥103	
	たらのつみれ汁‥‥‥‥‥‥‥109	
	だんご汁 ‥‥‥‥‥‥‥‥‥‥119	
	のっぺい汁 ‥‥‥‥‥‥‥‥‥121	
	スタミナ味噌汁‥‥‥‥‥‥‥121	
白菜	美噌元の豚汁 ‥‥‥‥‥‥‥‥ 22	
	蒸し白菜豚汁 ‥‥‥‥‥‥‥‥ 78	
	鶏肉と春雨のゆずこしょう味噌汁‥‥ 95	
パクチー	パクチーとさつま揚げの味噌汁 ‥ 92	
広島菜	広島菜の味噌汁 ‥‥‥‥‥‥‥115	
ブロッコリー	石狩汁 ‥‥‥‥‥‥‥‥‥‥‥103	
ほうれん草	ほうれん草の豆乳味噌汁 ‥‥‥ 34	
	ほうれん草と溶き卵の味噌汁 ‥‥ 88	
水菜	せん切り野菜とつみれの味噌汁 ‥‥ 28	
	細切りネギと豆腐の味噌汁 ‥‥‥ 42	
	ゆず味噌汁‥‥‥‥‥‥‥‥‥117	
もやし	ひき肉のピリ辛味噌汁 ‥‥‥‥‥ 87	
	ほうれん草と溶き卵の味噌汁 ‥‥ 88	
	蒸しもやし豚汁 ‥‥‥‥‥‥‥ 96	
	チゲ風味噌汁 ‥‥‥‥‥‥‥‥ 98	
モロヘイヤ	湯葉とごま豆腐の味噌汁 ‥‥‥ 23	
	ねばねば味噌汁 ‥‥‥‥‥‥‥ 38	
	モロヘイヤのすり流し味噌汁 ‥‥ 39	
やまいも	とろとろ味噌汁 ‥‥‥‥‥‥‥ 32	
	やまいものせん切り味噌汁 ‥‥‥ 61	
	たたきやまいもの味噌汁 ‥‥‥‥ 62	
	やまいもの乱切り味噌汁 ‥‥‥‥ 64	
	梅しそ豚汁 ‥‥‥‥‥‥‥‥‥ 76	
雪菜	雪菜の味噌汁 ‥‥‥‥‥‥‥‥105	
レタス	トマトとアボカドとレタスの味噌汁 ‥‥ 91	
れんこん	ネギとおろしれんこんの味噌汁 ‥‥ 44	
	ゆず味噌汁‥‥‥‥‥‥‥‥‥117	

肉・魚介・加工品

スペアリブ	スペアリブの味噌汁	97
鶏肉	ちゃんこ味噌汁	27
	サンラータン味噌汁	29
	かぼちゃとひき肉の味噌汁	54
	せりのだまこ汁	67
	冬瓜と鶏だんごの味噌汁	72
	けんちん味噌汁	73
	大根と手羽の味噌汁	90
	鶏肉と春雨のゆずこしょう味噌汁	95
	味噌煮込み汁	111
	だんご汁	119
	のっぺい汁	121
豚肉	美噌元の豚汁	22
	ほうとう風味噌汁	55
	きほんの豚汁	74
	梅しそ豚汁	76
	納豆豚汁	77
	蒸し白菜豚汁	78
	ひき肉のピリ辛味噌汁	87
	蒸しもやし豚汁	96
	ミルク豚汁	103
	きのこ入りいも煮	105
ベーコン	ほうれん草の豆乳味噌汁	34
	スタミナ味噌汁	121
	*	
あさり	ホクホクじゃがバターの味噌汁	60
	あさりと三つ葉の味噌そうめん	79
	チゲ風味噌汁	98
甘えび	甘えびの味噌汁	113
牡蠣	牡蠣の味噌汁	115
鮭	美噌元の粕汁	26
	石狩汁	103
刺し身	刺し身汁	109
鯖	鯖と大根の船場汁	85
しじみ	しじみとじゃがいもの味噌汁	84
じゃこ	じゃこわかめの味噌汁	117
鯛	鯛の味噌汁	83
たら	たらのつみれ汁	109
たらの白子	たらの白子味噌汁	103
どじょう	どじょう汁	109
マグロ	ねぎま味噌汁	43

もずく	とろとろ味噌汁	32
	もずくとゴーヤの味噌汁	80
わかめ	ぴらぴら大根の味噌汁	50
	やまいもの乱切り味噌汁	64
	わかめとたけのこの味噌汁	82
	すだちの味噌汁	117
わたりがに	わたりがにの味噌汁	113
	*	
えび団子	ちゃんこ味噌汁	27
さつま揚げ	パクチーとさつま揚げの味噌汁	92
鯖水煮缶	鯖缶の冷や汁	107
	鯖缶とたけのこ味噌汁	107
ちくわ	小松菜としめじとちくわの味噌汁	37
	切り干し大根とかいวれの味噌汁	69
ツナ水煮缶	アボカドとツナの味噌汁	30
	八丁味噌の冷や汁	111
つみれ	せん切り野菜とつみれの味噌汁	28
はんぺん	キャベツと菜の花とはんぺんの味噌汁	41

大豆製品

厚揚げ なすと厚揚げの味噌汁 …………… 46
油揚げ 沢煮椀風の野菜の味噌汁 ………… 52
　　　　 けんちん味噌汁 ………………… 73
　　　　 雪菜の味噌汁 …………………105
　　　　 どじょう汁 ……………………109
　　　　 味噌煮込み汁 …………………111
　　　　 だんご汁 ………………………119
絹ごし豆腐 せん切り野菜とつみれの味噌汁 … 28
　　　　 ねばねば味噌汁 ………………… 38
　　　　 細切りネギと豆腐の味噌汁 …… 42
　　　　 梅しそ豚汁 ………………………76
　　　　 どじょう汁 ……………………109
　　　　 豆腐となめことあさつきの味噌汁 ……111
　　　　 すだちの味噌汁 …………………117
納豆 とろとろ味噌汁 ………………… 32
　　　　 ねばねば味噌汁 ………………… 38
　　　　 納豆豚汁 ………………………… 77
南関あげ 南関あげの味噌汁 ……………121
木綿豆腐 美噌元の豚汁 ………………… 22
　　　　 ちゃんこ味噌汁 ………………… 27
　　　　 きほんの豚汁 ………………… 74
　　　　 チゲ風味噌汁 ………………… 98
　　　　 たらのつみれ汁…………………109
　　　　 八丁味噌の冷や汁 ……………111
　　　　 枝豆の呉汁 …………………113
　　　　 南関あげの味噌汁 ……………121
湯葉 湯葉とごま豆腐の味噌汁 …………… 23

その他

梅干し 梅しそ豚汁 …………………… 76
キムチ チゲ風味噌汁 ………………… 98
車麩 ネギとおろしれんこんの味噌汁 … 44
ごま豆腐 湯葉とごま豆腐の味噌汁……… 23
こんにゃく 美噌元の豚汁 ………………… 22
　　　　 美噌元の粕汁 ………………… 26
　　　　 きほんの豚汁 ………………… 74
　　　　 のっぺい汁 …………………121
仙台麩 仙台麩味噌汁………………105
そうめん 焼きなすとそうめんの味噌汁……… 24
　　　　 あさりと三つ葉の味噌そうめん ……… 79
卵 サンラータン味噌汁 ……………… 29
　　　　 ほうれん草と溶き卵の味噌汁 …… 88
　　　　 味噌煮込み汁 …………………111
生麩 生麩としし唐の味噌汁 …………… 68
ほうとう ほうとう風味噌汁 …………… 55
餅 大根おろしとお餅の味噌汁 …… 51
焼き麩 広島菜の味噌汁 ………………115
ワンタンの皮 ワンタンの皮のつるつる味噌汁 …… 93

効果別索引 食べることで期待できる効果別の索引です。

貧血予防

鉄分を多く含んだ食材の味噌汁です。

ほうれん草の豆乳味噌汁	34
小松菜としらすの味噌汁	36
小松菜としめじとちくわの味噌汁	37
せりのだまこ汁	67
あさりと三つ葉の味噌そうめん	79
しじみとじゃがいもの味噌汁	84
ほうれん草と溶き卵の味噌汁	88
たらの白子味噌汁	103
ミルク豚汁	103
仙台麸味噌汁	105
鯖缶の冷や汁	107
鯖缶とたけのこ味噌汁	107
どじょう汁	109
たらのつみれ汁	109
わたりがにの味噌汁	113
枝豆の呉汁	113
牡蠣の味噌汁	115

便秘解消

食物繊維が豊富な食材の味噌汁なので、
お通じがよくなります。

美噌元の豚汁	22
せん切り野菜とつみれの味噌汁	28
アボカドとツナの味噌汁	30
とろとろ味噌汁	32
ぴらぴら大根の味噌汁	50
大根おろしとお餅の味噌汁	51
沢煮椀風の野菜の味噌汁	52
さつまいもとかぶの味噌汁	56
里いもと黒ごまの味噌汁	58
ホクホクじゃがバターの味噌汁	60
やまいものせん切り味噌汁	61
たたきやまいもの味噌汁	62
やまいもの乱切り味噌汁	64
なめこととろろ昆布の味噌汁	65
いろいろきのこの味噌汁	66
切り干し大根とかいわれの味噌汁	69
かんぴょうといんげんの味噌汁	70
けんちん味噌汁	73

きほんの豚汁	74
梅しそ豚汁	76
納豆豚汁	77
蒸し白菜豚汁	78
もずくとゴーヤの味噌汁	80
わかめとたけのこの味噌汁	82
鶏肉と春雨のゆずこしょう味噌汁	95
きのこ入りいも煮	105
八丁味噌の冷や汁	111
豆腐となめことあさつきの味噌汁	111
甘えびの味噌汁	113
ゆず味噌汁	117
じゃことわかめの味噌汁	117
だんご汁	119
とうもろこしの冷製味噌スープ	119
のっぺい汁	121

低カロリー（低カロリー順）

150kcal 以下の味噌汁です。
ごはん（250kcal）と合わせても400kcal以下！

道三湯	107
じゃこわかめの味噌汁	117
わかめとたけのこの味噌汁	82
黄ニラの味噌汁	115
もずくとゴーヤの味噌汁	80
なめこととろろ昆布の味噌汁	65
ぴらぴら大根の味噌汁	50
広島菜の味噌汁	115
モロヘイヤのすり流し味噌汁	39
切り干し大根とかいわれの味噌汁	69
小松菜としめじとちくわの味噌汁	37
いろいろきのこの味噌汁	66
トマトとズッキーニのヨーグルト味噌汁	49
小松菜としらすの味噌汁	36
甘えびの味噌汁	113
かぼすの味噌汁	119
すだちの味噌汁	117
焼きなすとみょうがの味噌汁	45
仙台麸味噌汁	105
雪菜の味噌汁	105
ワンタンの皮のつるつる味噌汁	93
わたりがにの味噌汁	113

牡蠣の味噌汁·····················115
やまいものせん切り味噌汁···········61
たたきやまいもの味噌汁············62
ゆず味噌汁·······················117
たらの白子味噌汁·················103
豆腐となめことあさつきの味噌汁······111
キャベツと桜えびの味噌汁···········40
八丁味噌の冷や汁·················111
かんぴょうといんげんの味噌汁·········70
キャベツと菜の花とはんぺんの味噌汁····41
南関あげの味噌汁·················121
生麩とし唐の味噌汁················68
パクチーとさつま揚げの味噌汁·········92
簡単揚げなす風味噌汁··············47
トマトとアボカドとレタスの味噌汁······91
キャベツどっさり味噌汁············89
刺し身汁························109
しじみとじゃがいもの味噌汁··········84
里いもと黒ごまの味噌汁············58
ネギとおろしれんこんの味噌汁·········44
ねぎま味噌汁····················43
細切りネギと豆腐の味噌汁···········42
湯葉とごま豆腐の味噌汁············23
とろとろ味噌汁···················32
ねばねば味噌汁···················38
枝豆の呉汁·······················113
沢煮椀風の野菜の味噌汁············52
焼きなすとそうめんの味噌汁··········24
さつまいもとかぶの味噌汁···········56
鯖缶とたけのこ味噌汁·············107

冷え取り効果

体を温める働きをする食材を使った味噌汁です。

美噌元の粕汁····················26
細切りネギと豆腐の味噌汁···········42
ねぎま味噌汁····················43
ネギとおろしれんこんの味噌汁·········44
ひき肉のピリ辛味噌汁··············87
スペアリブの味噌汁···············97
チゲ風味噌汁····················98
道三湯·························107
味噌煮込み汁····················111

スタミナ味噌汁···················121

美肌

良質のたんぱく質やビタミンを含んだ食材の入った
お肌に働きかける味噌汁です。

湯葉とごま豆腐の味噌汁············23
焼きなすとそうめんの味噌汁··········24
ちゃんこ味噌汁···················27
サンラータン味噌汁···············29
ねばねば味噌汁···················38
モロヘイヤのすり流し味噌汁··········39
キャベツと桜えびの味噌汁···········40
キャベツと菜の花とはんぺんの味噌汁····41
焼きなすとみょうがの味噌汁··········45
なすと厚揚げの味噌汁··············46
簡単揚げなす風味噌汁··············47
トマトの冷や汁···················48
トマトとズッキーニのヨーグルト味噌汁····49
かぼちゃとひき肉の味噌汁···········54
ほうとう風味噌汁·················55
生麩とし唐の味噌汁················68
冬瓜と鶏だんごの味噌汁············72
鯛の味噌汁······················83
鯖と大根の船場汁·················85
キャベツどっさり味噌汁············89
大根と手羽の味噌汁···············90
トマトとアボカドとレタスの味噌汁······91
パクチーとさつま揚げの味噌汁·········92
ワンタンの皮のつるつる味噌汁·········93
蒸しもやし豚汁···················96
石狩汁·························103
雪菜の味噌汁····················105
刺し身汁························109
広島菜の味噌汁···················115
黄ニラの味噌汁···················115
すだちの味噌汁···················117
かぼすの味噌汁···················119
南関あげの味噌汁·················121

監修　美噌元（みそげん）

東京・自由が丘にて、味噌汁専門店『美噌元』を展開する。ホームページでは、こだわりのだしや味噌のほか、「美噌汁最中」などのギフト商品も販売している。

https://www.misogen-online.com/

4章で紹介している味噌は、各味噌蔵にて購入できます。

北海道：岩田醸造	TEL 011-231-5221	http://www.koh-itten.co.jp/
宮城県：仙台味噌醤油	TEL 0120-809-507	http://www.sendaimiso.co.jp/
長野県：山吹味噌	TEL 0120-56-0009	http://www.yamabukimiso.co.jp/
東京都：日出味噌醸造元	TEL 0120-553-083	https://www.hinodemiso.co.jp/
愛知県：カクキュー八丁味噌	TEL 0564-21-1355	http://www.kakukyu.jp/
富山県：杉野味噌醤油	TEL 0120-67-3889	http://www.sugino-miso.com/
広島県：新庄みそ	TEL 082-237-2101	http://www.shinjyo-miso.co.jp/
徳島県：志まや味噌	TEL 088-652-7356	http://www.shimaya-miso.jp/
大分県：フンドーキン醤油	TEL 0972-63-2111	https://www.fundokin.co.jp/
熊本県：松合食品	TEL 0964-42-2212	http://www.matsuai.co.jp/

味噌汁専門店のおかず味噌汁100

発行日　2018年11月25日　初版第1刷発行
　　　　2021年8月30日　　第3刷発行

監修	美噌元
発行者	竹間 勉
発行	株式会社世界文化ブックス
発行・発売	株式会社世界文化社
	〒102-8195
	東京都千代田区九段北4-2-29
	電話　03-3262-6632（編集部）
	03-3262-5115（販売部）
印刷・製本	株式会社リーブルテック

［撮影］
大見謝星斗
（株式会社世界文化ホールディングス）

［料理制作・栄養価計算］
荻ありす（株式会社エミッシュ）

［アシスタント］
いのうえ陽子、
甲斐優美（Love Table Labo.）

［スタイリング］
佐藤絵理（株式会社エミッシュ）

［装丁・本文デザイン］
室田征臣（oto）

［校正］
株式会社円水社

［編集協力］
石島隆子（株式会社オメガ社）

［編集］
大友恵

©Sekaibunka Holdings, 2018. Printed in Japan
ISBN978-4-418-18331-9

無断転載・複写を禁じます。
定価はカバーに表示してあります。
落丁・乱丁のある場合はお取り替えいたします。